U0956844

专利先用权研究

张 晓 著

知识产权出版社
全国百佳图书出版单位

图书在版编目（CIP）数据

专利先用权研究/张峣著. —北京：知识产权出版社，2017. 3
ISBN 978-7-5130-4795-1

Ⅰ. ①专…　Ⅱ. ①张…　Ⅲ. ①专利制度—研究—中国　Ⅳ. ①D923. 424

中国版本图书馆 CIP 数据核字（2017）第 048040 号

内容提要

本书从专利先用权的理论背景出发，指出我国专利先用权制度存在的问题及与专利权之间的冲突；通过探讨先用权的法律属性及与相关权利的比较，为完善专利先用权制度提供理论依据；针对我国专利先用权制度中存在的问题，借鉴国外先进立法经验，并运用法经济学成本效益数学分析及案例分析方法，提出完善建议；最后提出了制定一劳永逸的专利先用权证制度。

责任编辑：崔　玲　　　**责任校对**：王　岩
封面设计：刘　伟　　　**责任出版**：刘译文

专利先用权研究
Zhuanli Xianyongquan Yanjiu
张　峣　著

出版发行：知识产权出版社有限责任公司　　**网　　址**：http：//www. ipph. cn
社　　址：北京市海淀区西外太平庄 55 号　　**邮　　编**：100081
责编电话：010-82000860 转 8121　　**责编邮箱**：cuiling@ cnipr. com
发行电话：010-82000860 转 8101/8102　　**发行传真**：010-82000893/82005070/82000270
印　　刷：三河市国英印务有限公司　　**经　　销**：各大网上书店、新华书店及相关专业书店
开　　本：720mm×1000mm　1/16　　**印　　张**：15. 5
版　　次：2017 年 3 月第 1 版　　**印　　次**：2017 年 3 月第 1 次印刷
字　　数：200 千字　　**定　　价**：48. 00 元
ISBN 978-7-5130-4795-1

自　　序

专利制度是最早被立法者所认可并建立的一项知识产权制度，同时因其所调整的是生产力中最为活跃的要素，在各类知识产权制度中又是一项“最年轻”“最有活力”的制度。它的建立推动了科学技术的进步，促进了新技术的应用，将科学技术转化为强大的生产力，进而促进了经济发展和社会进步。但是由于绝大多数国家采取先申请制，即对于同样的发明创造，将专利权授予最先提出申请的人。这样可能出现的问题是：第一个作出该发明创造的人可能因未及时提出申请而无法获得专利权。这对先发明人来说是不公平的，会挫伤未来发明创造者进行技术开发的积极性，也与我国《专利法》“鼓励发明创造，提高创新能力，促进科学技术进步和经济社会发展”的立法目的不相符。因此有必要建立一个合理的平衡制度来保护先发明人的权利，这项平衡制度就是专利先用权制度。

平衡是知识产权制度的要义和核心，在权利人利益、其他竞争者利益和公众利益之间维持恰如其分的平衡是知识产权制度设计者考虑的基点。如博登海默所言：“在个人权利和社会福利之间创设一种适当的平衡，乃是有关正义的主要考虑之一。”吴汉东教授曾指出：“就专有权利来说，是保护和限制两者不能偏废。”冯晓青教授也认为：“知识产权限制正是体现了对知识产品权益分配的公平正义观。”专利制度作为知识产权制度的一部分，当然也不例外，而先用权制度是专利制度平衡设置的重要内容。

我国《专利法》第69条第（2）项对先用权制度作出了明确规定。《最高人民法院关于审理侵犯专利权纠纷案件应用法律若干问题的解释》对该条款中“必要准备”和“原有范围”作了细化说明。虽然，我国现有法律和司法解释对先用权制度作了基本的框架设计，但是在权属定性、权利内容和范围等方面的界限仍不明晰。同时，由于我国关于先用权抗辩的案例相对较少，相应的理论研究尚不深入，立法还不完善。因而，司法实践中往往会出现先用权人“让我走路，但是我却无路可走”的尴尬局面，其权利得不到真正公平合理的保护，个人权益与社会利益多数情况下会失去平衡。

本书内容的主要部分是笔者在西安交通大学博士研究生毕业的学位论文。虽然笔者已经毕业近三年，但是考察现有的博士学位论文文库，并未发现相同和相似题目的论文，因此，本书仍然可以被认为是一篇特色鲜明的著述。为了将该论文出版发行，笔者又查阅了近两年国内外关于此问题的研究成果，最终形成本书的写作思路。首先，先用权制度不仅可以平衡先发明人和先申请人之间的利益关系，而且能够避免社会资源的浪费。但是，我国目前在先用权制度方面存在判断标准模糊和适用范围过于狭窄等问题，导致其难以有效地发挥制度功能。为此，笔者在现有法律制度框架下，通过分析先用权的性质、产生条件、适用范围、与其他抗辩事由的比较、先用权抗辩的实际运用等方面研究先用权及其制度。其次，从法律规定和审判实践出发，通过诸多案例进行不同方面的法理分析，使法律事实与法律规定有机结合起来。希望通过笔者的研究，一方面为专利法的修订提供一些参考和完善路径；另一方面，为专利权纠纷的当事人提供一种利用先用权抗辩和反驳先用权抗辩的思路。

二〇一六年十一月十六日

摘　　要

专利先用权[1]是法律赋予在先使用人的权利，即指在先使用人在专利申请前已经实施或正在实施的专利技术，在专利权授予后仍被允许继续实施该专利技术的权利。专利先用权的存在，不仅补救了先申请制的缺陷，而且合理调节了专利权人、先用权人和社会公众之间的利益关系。但是为了更好地保护专利权人的利益，法律在确认专利先用权的同时，有必要对先用权的实施给予一定的限制。但究竟如何限制，限制到什么程度，一直是理论界和司法界争论的焦点。由于我国现有法律关于专利先用权的规定过于原则，后续的实施细则和司法解释又不甚详尽，因此实践中碰到关于专利先用权的诉讼案件，司法机关往往面临着“无法可依”的窘境，不仅严重影响了案件办理质量，而且使得专利权和先用权之间的冲突不断升级。在此背景下完善先用权立法显得十分急迫。

本书沿着提出问题、分析问题、研究依据、立法建议的研究思路进行论证。首先，从专利先用权的理论背景出发，提出我国专利先用权存在的问题，即由于我国专利先用权规定得不够具体，由此引发了学术界和司法界的争议。其争议的焦点突出表现在专利先用权与专利权之间的冲突，如技术秘密权与专利权的冲突、在技术来源上的冲突、在权利理论上的冲突和在抗辩手段选择上的冲突等。其次，为了解决先用权与专

[1] 在本书的具体论述中，专利先用权与先用权具有同一含义。——作者注

利权之间的冲突，本书从先用权的法律属性、先用权与相关权利的比较分析两个方面进行讨论，力求从理论上为完善先用权的规定提供依据：一是系统论证了先用权的法律属性，即从诚信原则、信赖原则、劳动财产理论和利益平衡理论等多角度论证了专利先用权存在的正当性；在讨论专利先用权的性质存在三种不同观点的基础上，全面论述了先用权的独立性；通过考察先用权成立条件和权利内容，可见实施性的要求贯穿先用权存在的始终，得出先用权是一种实施性权利的结论。二是通过先用权与相关权利的比较分析，揭示了先用权多主体并存、不排斥后权利产生、权利的重心是实施和可转化的抗辩功能等特点。再次，针对先用权规定中存在的问题，借鉴国外先用权规定的先进经验，重点对技术来源、必要准备和原有范围提出了立法建议，同时使用法经济学成本效益数学分析方法进行了指标分析，结合案例进行了实证分析：第一，关于先用权的技术来源，本书建议以合法取得为标准，既支持独立研发取得，又不限制从第三人或专利发明人处合法获得。第二，关于“必要准备”，本书提出并比较了“二要件”和“三要件”两种观点，并建议采用“二要件”的规定，即只要已经完成技术准备并正在进行实质性生产准备，就可认定满足“必要准备”的条件，而不必要求中试完成或提供样品。第三，关于“原有范围”的规定，本书建议根据先用技术来源的不同，有区别地界定“原有范围”的标准，如先用技术来源于独立完成、委托完成或从第三人处合法取得，就可以不受原有范围的量化限制，允许先用权人在原有事业或行业继续实施专利技术；如果先用技术是从专利权人处取得，其继续实施则应该受到原有范围的量化限制。最后，在充分论证的基础上，本书提出构建先用权证制度的架构建议。颁发先用权证不仅是对客观事实的尊重，而且具有定纷止争的作用，并从实施依据、申请和审批、权利确认原则、审批和颁证主体以及证书内容等方面提出构建并实施专利先用权证制度的具体思路和内容。

总之，本书以平衡专利权和专利先用权之间的利益为目的，立足解决先用权与专利权的冲突问题。在系统论证先用权的主体、客体、法律属性和特征的基础上，深度借鉴了两大法系主要国家关于先用权的先进规定，紧密结合我国实际，提出了完善先用权的立法建议，全面论证了专利先用权证制度，为解决我国专利先用权的笼统规定和模糊规定问题提供了参考和思路。

目　录

1

绪　　论

1.1　研究的背景和意义

专利制度自1624年建立以来，至今不足四百年。作为于传统民事法律制度外创设的新私权——专利权，与其他民事权利相比，可谓新生事物，然而其发展变化却极为迅速，尤其是专利权的扩张。我们肯定专利权适度扩张的合理性，但若是不适当地大肆扩张，必将损害相关权利人甚至是社会公众的利益，乃至最终背离立法保护的初衷。

随着世界经济一体化和知识经济的不断深入发展，先进的专利技术日益成为国家发展的战略性资源和国际竞争力的核心要素，亦成为建设创新型国家的重要支撑和掌握国际社会中国家发展主动权的关键。目前世界各国越来越重视技术创新，越来越重视加强专利权的保护。因为完善的专利制度已经成为科技进步、经济发展的新要求，已是国际知识产权法律制度发展的大势所趋。在此趋势下，作为发展中国家的我国，专利法律制度还较为年轻，很多规定尚需完善。而专利制度较为完备的发达国家，正在日益扩张专利权的保护范围，这将要甚至已经侵害了包括我国在内的发展中国家的基本权利。可以说，专利制度在超过最优处之外进行扩张所带来的危险，与该制度随着复制成本的持续下降而面临被毁灭的危险是一样大的。达菲专利许可所引发的国家间矛盾问题，AIDS 药物引起的国家间专利之争，6C 联盟对我国企业强行收取 DVD 专利费等事件，让我们在看到专利权巨大威力的同时，也提醒我们需关注专利法律制度自身存在的缺陷。专利法律制度无疑应该以权利保护为中心，只有充分和有效地保护专利权，才能使促进应用、鼓励创新的激励机制发挥作用。然而，专利权保护也不能神圣化和绝对化，须设置合理的界限。财产制度的历史显示，对私人所有权的限制自所有权诞生那天起就存在。毕竟个体离不开其生活的社会共同体，而共同体的利益势必高于个体利益；赋予个体财产所有权，也是为了更有效地利用财产进而造福整个社会。专利权作为私权利当然也应受到法律的限制。因为从专利制度的功能和宗旨来看，专利权限制制度是确保专利制度促进科技和经济发展、促进社会进步的重要保障。从权利的属性来看，任何权利都存在滥用的可能而需予以限制。任何权利唯于合法限制的范围内才有其存在的价值。从历史发展和现实情况来看，高度重视对专利权限制制度的建设和研究已经成为我国的当务之急。

当前我国为了实现知识产权强国的目标，也为了与国际知识产权公约接轨，正在对包括专利法在内的知识产权相关法律、法规进行修订。在此过程中，在知识产权保护水平的问题上，国内出现了一种盲目竞高的思潮，认为我国的知识产权法律设置比较保守，保护力度仍然欠缺，不利于与世界接轨。这种思想不但在理论界盛行，在立法和司法部门也有所体现。本书认为，法律适时性的判断依据不是当今世界发达国家所制定的法律，而是该法律所调整的特定社会关系。因此，我国在专利权立法上，既要尊重国际立法，积极借鉴世界其他国家的先进立法经验，又要紧密结合我国实际。本书将重点探讨专利权限制内容中的专利先用权制度，希望通过此内容的研究，可以为本领域学者开阔思路、抛砖引玉，为我国专利权限制制度的研究取得突破性进展，从而制定出符合我国国情的专利法律制度提供参考。

1.1.1 研究的背景

所谓专利先用权，《中华人民共和国专利法》（以下简称《专利法》）第69条第（2）项明确规定，是指在专利申请日前已经制造相同产品、使用相同方法或者已经作好制造、使用的必要准备，并且仅在原有范围内继续制造、使用的，该继续使用不视为侵犯专利权。先用权的实施在《专利法》上属于侵权例外的情形之一。学术界认为，我国《专利法》设置先用权制度的内容主要出于三个方面的考虑：一是为防止出现绝对先申请主义带来的弊端，在保护先申请者利益和维护先申请原则权威性的基础上，兼顾公平原则的实现；二是从制度上平衡最先申请人与最先发明人之间的利益关系，同时兼顾公共利益；❶ 三是保护合理的技术应用和相应投资，避免造成不应有的经济损失。

❶ 林秀芹．中国专利强制许可制度的完善［J］．法学研究，2006（6）：34.

（1）正在增多的专利先用权诉讼案件难以判决。

考察我国近几年的司法实践发现，在专利权侵权诉讼中，虽然先用权制度作用微薄，但运用先用权抗辩成立的案件已从无到有、从少到多，这使得对先用权制度的研究更有意义。笔者在北大法意网的案例库中找到2000年至2009年间涉及先用权抗辩的典型案例共162例，而最终得到法院支持的仅有4例。认真分析不难发现，在涉及先用权的专利侵权案件中，由于法律规定得过于简单，标准模糊，导致司法实践中出现对相同或者类似的案件作出不同甚至截然相反判决的现象，严重挑战了司法活动的统一性和严肃性。[1]

（2）专利先用权的作用日益显现。

由于先用权与专利权冲突的客观存在，随着先用权人行使抗辩权的案件不断增多，不少学者尤其是知识产权领域的专家开始关注专利先用权，因此，有关专利先用权的成果大量涌现。从法律上界定和保护专利先用权，不仅坚持了公平原则，使专利先申请制度得以完善；而且实现了专利权人和先用权人之间利益的均衡；更有意义的是有效促进了专利应用，[2] 激发了发明创造者的热情，推动了科技进步。值得一提的是，在现实生活中先用权与专利权并不完全对立。我们知道，获得专利权的专利仅是一个可以实施的技术方案，法律并没有要求专利必须马上实施，因此，从专利技术转化为生产力还有相当长的距离。现实情形是，我国仅有不足20%的专利投入了应用，绝大多数成为“沉睡”的专利，或不具有应用条件，或难以应用，而在此背景下，专利技术被在先实施于国于民都不是一件坏事。与其“沉睡”还不如提前应用，与其不具备实施条件，又为何不让已经掌握专利

[1] 谢灵芝．论专利在先使用权［D］．长沙：湖南师范大学硕士研究生学位论文，2008.

[2] 潘伟生．专利先用权制度研究［D］．厦门：厦门大学硕士研究生学位论文，2009.

技术的人继续实施呢？况且，专利技术在先实施，既检验了专利技术，又促进了专利技术的应用。

（3）专利先用权的性质问题意见纷呈。

关于专利先用权的性质，目前学术界有三种代表性的观点，即抗辩权说、独立权利说和在先使用行为说。主流观点认为，专利先用权是一种抗辩权。以此为支撑，法律对专利先用权的主体、客体、内容、权利行使、权利保障和权利限制等进行了一系列规范。然而，专利先用权果真仅仅只具有抗辩权的性质吗？本书对专利先用权的含义、特点、范围等进行考察得出的结论是：专利先用权是一种独立性质的权利，具有抗辩的功能。先用权有着自身的范围，而且是通过法律设置权利的界限。[1] 这是因为，在先使用的权利人没有改变；先用权的客体独立存在，即在先使用的技术一般情况下是在先使用人独立完成的发明，而且在先使用的技术并不依赖于专利技术而存在；专利权并不能排斥先用技术的继续实施，先用权人甚至还可以扩大生产规模，较少受到专利权人的制约。[2]

（4）专利先用权相关法律规定得过于原则。

我国《专利法》第69条第（2）项规定，在专利申请日前已经制造相同产品、使用相同方法或者已经作好制造、使用的必要准备，并且仅在原有范围内继续制造、使用的，不视为侵犯专利权。如此简单的规定要想很好地诠释要件多样、内容丰富的专利先用权制度是比较困难的。司法实务中关于先用权的案例十分常见，多数案件由于立法过于简单致使法律适用困难。值得反思的是，我国虽然已在专利法以及最高人民法院的司法解释

---

[1] 代航．专利侵权诉讼中先用权抗辩研究［D］．重庆：西南政法大学硕士研究生学位论文，2009.

[2] 肖帅．专利先用权的法律问题探析［J］．法制与社会，2011（1）下：254-255.

中对先用权的法律适用作出了原则性规定，但是对先用权的法律属性、权利成立的条件、权利的本质属性、权利的内容和权利的实施范围及其行为等方面规定得都还不够明确，相应的学术理论研究也没有及时跟进，因此，关于专利先用权的规范亟待列入立法议程，增加新的立法内容和完善现有法律规定都十分必要。而美国、日本、德国等发达国家对专利先用权的规定都十分明确，为相关纠纷的解决和案件的处理提供了依据。实践中，这些国家的法院在先用权抗辩的案件处理上，都较好地作出了司法判断，值得我国借鉴。我国随着先用权案件的逐步增加，客观上给立法提出了新的要求。

综上所述，研究专利先用权是对现有相关制度及其实施情况的思辨，它不仅为专利行政主管部门、司法部门协调专利先用权与专利权冲突、纠纷提供了理论依据，也为修订《专利法》及《专利法实施细则》提供了重要参考。

1.1.2 研究的意义

系统、深入地研究专利先用权，以期长期被法学界忽视的专利先用权的理论价值和现实价值得以实现。

(1) 理论意义。

世界上有专利法的 170 多个国家，无一例外地都对专利先用权进行了规定。从研究成果看，虽然学界对专利先用权的研究有所增多，但大多是从专利权限制角度、从先用权人利益保护出发进行操作层面的探讨，缺少从指导司法实践的理论层面进行系统论证。如何充分借鉴国内外有益的研究成果，对专利先用权性质、成立要件、特点和实施行为限制进行系统论证，提出专利先用权成立条件理论、先用权限制理论、先用权范围理论及其依据，对完善先用权理论、规范专利权限制理论和丰富知识产权限制理论都具有重大意义。

（2）现实意义。

第一，研究先用权及其理论，有利于不断完善先用权及其法律适用，从法律上保护在先使用专利技术的权利人利益，保护专利申请日前的投资利益。从法律上界定专利先用权，有利于维护专利技术的在先使用人的合法地位和利益。先用权制度的实施，及时补救了专利先申请制度存在的缺陷。

第二，合理确定专利先用权，在此基础上保护先用权人的正当权益，有利于使专利权人和先用权人的权利范围更加明晰，双方利益达到平衡；还有利于避免专利权与先用权之间的法律纠纷。

第三，通过科学地实施先用权，有利于提高专利转化率、利用率。合理地扩大先用权的使用范围，强调先用权人的地位，既可以提高专利利用率，又具有刺激专利权人增加专利许可、扩大专利使用的作用。❶

1.2 国内外研究现状

目前国内外研究人员就与本书相关问题的研究主要有以下几个方面。

第一，关于先用权的性质问题的研究。

关于先用权的基本理论问题，迄今为止学术界尚未做过深入研究，因

❶ 欧阳伟连．专利侵权抗辩问题研究［D］．广州：中山大学硕士研究生学位论文，2005.

为先用权的性质直接影响其权利范围的界定。有关先用权的性质总体上有三种观点：独立权利说、抗辩权利说、在先使用行为说。王晓航在《论专利制度中的先用权》一文中，总结分析了先用权的上述三种性质说。王晓航认为，先用权不仅仅是一种用来对抗专利权人侵权诉讼的抗辩权，还是一种依赖于专利权而存在的不完整的无形财产权。尹新天主编的《专利代理概论》一书明确将先用权视为一种对抗专利侵权诉讼的抗辩权，认为先用权只有在诉讼出现时才有意义。张学兵在《专利法——案例与学理精解》一书中明确将实证引入到学理分析中，认为先用权的存在完全依赖于专利权的存在，没有专利权也就不存在专利先用权；只有当专利权人就专利侵权提起诉讼请求时，才可能有先用权抗辩；使用先用权抗辩的，其举证责任应该由先用权人承担。周园在《专利先用权中若干法律问题的探讨》一文中认为，虽然先申请原则和专利权的垄断性从制度设计上限制了先用权的行使，但先用权本身并非专利权的附属物，也不随专利权的产生而产生，只是一种利于表达的对应关系。赵栋在《先用权法律问题初探》一文中认为，先用权不是一项权利，本质上是一种在先使用行为，即使抗辩，其理由也是因为在先使用行为的客观存在。比较和评估学术界的观点，持抗辩权利说者占多数，处于主流地位。目前司法实践也认同抗辩权的观点。

第二，关于先用权技术来源问题的研究。

先用权技术来源问题的合理界定直接关系到先用权成立的条件、先用权的实施范围等问题。程永顺在《中国专利诉讼》一书中谈到，先用权的取得具有严格的条件，特别强调先用权的技术来源应当是先用权人自己独立完成的，否认了从专利权人处或他处善意获得的可能。美国学者吉因·奎恩（Gene Quinn）在《先用权将对抗专利诉讼什么?》（*What Will Prior User Rights Mean for Patent Litigators?*）一文中也否认先用技术来源于专利权人或专利技术特定人，同时要求先用权人使用先用权技术必须是善意的。2012 年后，《美国专利法》在在先使用例外上就要求，在先使用的技术不能源于专利权人或者与专利权人有私人关系的其他人。[1] 汤宗舜在《专利法教程》一书中谈到，第三人在发明人公开其发明的宽限期内所获得的技术，该第三人是选用技术来源的一个渠道。尹新天在《专利权的保护》一书中，提及了先用技术来源的两个渠道，一是独立研发，获得先用权是无疑问的；二是来源于专利申请人。作者认为，只要先用权人是善意的，即使先用者是以直接或间接方式从专利申请人处获得的专利技术，也应该可以产生先用权。先用权人对在先技术的使用必须是善意的，无论在理论上还是立法实践上，这一点都是肯定的。[2]

第三，关于先用权"原有范围"问题的研究。

此问题的研究主要涉及"原有范围"的界定标准。汤宗舜在《专利法解说》一书中，对先用权实施中的"原有范围"如何规定提出了自己的见解。他认为允许先用权人继续使用在先使用的技术，其范围应该限制在申请日前的范围。范围的标志是产量，即不能突破申请日前的产量。有学者提出，"原有范围"的通常解释是指专利申请提出时原有设备可以达到的生产能力，或是根据原先的准备可以达到的生产能力，后者有一定的代表性。尽管在《最高人民法院关于审理专利纠纷案件适用法律问题的若干规定》中，最高人民法院对"原有范围"赋予了较宽泛的意义，但因缺乏具体规

[1] 2011 年 9 月时任美国总统奥巴马签署通过了《美国专利法》，即修订后的《美国新发明法案》，并于 2012 年 1 月 1 日起施行。《美国新专利法》取消了先发明制，采用先申请制原则。作为补救先申请制缺陷的专利先用权也在法案中给予明确规定，"先用技术只能是先用权人独立完成的发明创造，并早于专利权人申请专利之前一年已将该技术投入商业使用，那么在专利权人申请并授予专利权后仍可以继续实施商业行为，不视为侵犯专利权"。

[2] 见英国 *Patent Act* 1977，Sect. 64（1）；35 U. S. C. §273（b）（1）等.

定，并没有改变学术界对原有范围的理解。徐中强在《关于先用权若干问题的研究》一文中，引证广西一案例对先用权实施的“原有范围”进行了分析，认为“原有范围”就是要维持先用权人原有的产量，原有产量不仅包括当时的实际产量，也包括设计能力可以达到的产量。吴胜华在《专利权的限制：先用权问题之再探讨》一文中，提出应该允许原有范围扩大实施，只要不超越原有实施方式和产业领域，产能的扩大不应视为侵权。利萨·布朗利（Lisa Brownlee）在《对可专利发明创造的商业秘密使用，在先使用和专利法协调的分析及其建议》（*Trade Secret Use of Patentable Inventions, Prior User Rights and Patent Law Harmonization：An Analysis and Proposal*）一文中，以及托马斯·费尔霍尔（Tomas Fairhall）和保罗·车瑞拉（Paul Churilla）在《商业秘密在先使用和专利法的交集：在先使用权的地位》（*Prior Use of Trade Secrets and the Intersection with Patent Law：The Prior User Rights Stature*）一文中，都讨论了关于在先使用权的实施范围不受“原有范围”的限制问题，即可以在原有领域实施不受限制。尽管当时论文所讨论的是商业方法的先用权实施范围问题，但是在2012年修改后的《美国专利法》也明确赋予专利先用权人不受原有产量限制的继续实施权。

《德国专利法》规定，如果有国民在专利申请时，在国内已经就相同专利技术进行了实施或者正在就实施进行必要准备。具备此前提条件的，不仅不受到专利权的影响，或者说专利权对此不发生效力。已经实施者，不仅可以在本企业继续实施，而且可联合其他相关企业共同实施。由此可见，在德国，一是先用权人的实施范围不受量的限制；二是先用权人既可以在“本企业”实施，又可以联合“其他企业”实施。日本学者吉藤幸朔在《专利法概论》一书中谈道，只要是在其事业目的范围之内，实施规模不一定非要同申请时的规模一样，可以随意扩大。

从上述分析可见，关于“原有范围”主要有两种观点：一种观点主张给“原有范围”制定量的控制标准；另一观点则主张给“原有范围”松绑，只做质的规定。

第四，关于“必要准备”的界定问题研究。

“必要准备”是先用权成立的前提条件，仅作一个概念性的规定，很难作为标准。《最高人民法院关于审理侵犯专利权纠纷案件应用法律若干问题的解释》在第15条第2款中对“必要准备”的标准给出了两点解释：“（一）已经完成实施发明创造所必需的主要技术图纸或工艺文件；（二）已经制造或购买实施发明创造所必需的主要设备或者原材料”。以上两项标准只要满足其中之一即被视为已经做好了制造、使用的“必要准备”。目前学者关于此问题的研究也是主要围绕“必要准备”究竟要达到一个什么样的程度？王凌红在《先用权制度探析》一文中认为此规定较为片面。“必要准备”的标准，须考虑两个要素：一是先使用者客观上应当具备可随时实施特定技术的条件；二是先使用者主观上有意将这些物质技术条件用于实施与专利相同的技术。[1] 吴胜华在《专利权的限制：先用权问题之再探讨》一文中对“必要准备”提出新的想法。他认为，已做好“必要准备”的要求过于苛刻，而“正在准备”在司法认定中更具有操作性。吴胜华进一步指出，只要在申请日前将产品设计图纸和工艺设计文件准备完毕，与供应商签订了专用设备和产品模具的订货合同，并且按合同交付了定金，就可认定为“正在准备”。[2] 王晓航在《论专利制度中的先用权》一文中建议将“必要准备”界定为在“技术上、生产上已经实施了专利申请的发明创造

[1] 王凌红．先用权制度探析［J］．电子知识产权，2010（11）：92-95.

[2] 吴胜华，等．专利权的限制：先用权问题之再探讨［J］．安徽工业大学学报：社会科学版，2010（3）：23.

有密切关联的或因果关系的准备”。总之，目前学者关于“必要准备”的判断尺度各有理解，究竟该如何把握，莫衷一是。

第五，关于申请日前的公开实施行为能否产生先用权问题的研究。

尹新天在《专利权的保护》一书中认为，先用权抗辩适用于实施有关技术的人，无论是在保密状态下，还是公开实施。他认为，先用者通过公开实施或者公开发表等方式公开某发明创造，是否会影响他人随后就相同内容提出的专利申请的新颖性，取决于公开有关发明创造的人所取得的方式，即是独立地作出该发明创造还是从独立地作出该发明创造的人那里获知该发明创造的。日本学者吉藤幸朔在《专利法概论》一书中提出了“排除公开实施论”。他的观点是，如果一项发明在申请专利前一旦有人公开实施，那么，申请的结果应该是因丧失新颖性被驳回，即使侥幸通过审查，那么公开实施人可以通过请求宣布专利无效，无效的专利自始即不存在，自然也就不存在先用权了。徐中强在《关于先用权若干问题的研究》一文中，论述了先用权是一种处于秘密状态下的发明创造，不能产生排斥第三人使用该发明创造的权利，只是法律赋予先发明人的一种利益，是在专利侵权诉讼中被告用来对抗专利权的一种抗辩权。❶

第六，关于先用权人行为方式问题的研究。

关于此问题，长期以来一直是围绕先用权及其第三人是否有权实施销售行为展开。尹新天在《专利权的保护》一书中认为，先用权实施行为不仅包括在“原有范围”内的继续制造、使用的行为，还包括使用、许诺销售、销售的行为。对于第三人从先用权人处合法购进的专利产品，是否有权使用、许诺销售和销售，法律没有作出具体规定。

先用者销售其制造的专利产品，是否构成侵犯专利权的行为？国家知

---

❶ 魏征．先用权与专利权的对峙［J］．中国发明与专利，2005（5）：58-60.

识产权局条法司前司长尹新天认为，只要先用权被确认，先用权人实施行为及其所产生的产品都是合法的，那么，第三人通过合法途径获得的专利产品，应当有权利用与处置。吴胜华在《专利权的限制：先用权问题之再探讨》一文中提出，先用权范围需要扩大，应该赋予先用权人制造权、销售权和许诺销售权。王晓航在《论专利制度中的先用权》一文中认为，先用权不仅包括制造权、销售权、许诺销售权，还应包括进口权。日本学者吉藤幸朔在《专利法概论》一书中不仅肯定了先用权人可以实施销售行为，而且明确提出先用权人以外的第三人使用、许诺销售、销售先用权人制造的专利产品同样是合法的。吉藤幸朔的理由是，专利权人许可第三人使用其专利，被许可人生产的专利产品同样需要许诺销售和销售，被许可人的第三人销售被许可人生产的专利产品是合法的，先用权人的专利产品被第三人销售同样是合法的。根据《英国专利法》和《美国专利法》的规定，英美学者通常认为，在先使用权人在依据抗辩权处理完相关专利产品后，该产品的后续受让人就可以自由地处理该产品，而不再受到专利权人的支配。

总之，目前国内外关于专利先用权问题的研究，主要还是围绕先用权的定性问题，以及先用权相关法律规定中的争议点，如先用技术可否来源于专利权人处、先用权“必要准备”和“原有范围”的标准界定问题、先用权的实施行为等问题进行讨论。可见，这些已有问题若长期无法解决，不但专利先用权本身价值无法实现，还会引发许多新的问题。

1.3 主要内容与研究方法

本书的写作主要围绕五大部分（不包括绪论和结论部分）展开，运用了比较研究、逻辑推理、实证分析和法经济学成本效益数学分析四大研究方法。

1.3.1 主要内容

全书围绕专利先用权进行研究，包括绪论和结论部分，共分七个部分。

第一部分绪论，主要对本书的研究背景、研究意义、研究方法和创新点等给予细致说明。同时对本书参考的主要国内外文献及论文的结构内容给予总括性论述。

第二部分专利先用权的基本理论，重点论述了先用权的基本理论，主要从四个方面进行研究，一是先用权的含义及理论依据；二是先用权的主体、客体和权利内容；三是先用权成立的四个要件；四是对先用权的三个方面的限制。

第三部分是提出问题部分，即专利先用权法律规定中存在的争议及与专利权的冲突。首先，对我国专利先用权的具体法律规定进行了梳理和解读。其次，由于我国法律对专利先用权的具体规定不够细致，因此在先用权产生、权利范围界定、权利实施限制等方面争议较大。争议的主要焦点问题包括关于先用技术来源，对于“相同产品、相同方法”的“相同”标准的争议问题，先用权人行为方式问题，“原有范围”标准的界定问题，“必要准备”界定中存在的问题和申请日前的公开实施行为能否产生先用权的问题。最后，由于先用权法律规定存在争议，因此先用权与专利权也发生了冲突，其冲突主要表现在技术秘密权与专利申请权的冲突、先用权与专利权在技术来源问题上的冲突、先用权与专利权因不同抗辩事由产生的冲突、先用权与专利权在保护手段选择上的冲突、先用权和专利权在权利内容上的冲突、先用权与专利权基于权利穷竭理论所产生的冲突。对于先用权人的专利产品在首次销售后的再次销售仍然受到专利权人制约的观点，本书持否定意见，并明确提出三点理由。

第四部分是专利先用权的法律属性，本部分所研究的内容不仅是研究先用权的理论前提，而且是制定先用权成立条件、继续实施规定的重要依据。本书主要对专利先用权存在的正当性、权利的独立性和权利的实施性进行研究。

第五部分是专利先用权与相关权利的比较，主要通过专利先用权与在先权、商标先用权、公知技术抗辩及无效宣告请求权的比较研究，论证先用权与相关权利的区别与联系，进一步揭示先用权的特点。

第六部分是专利先用权法律规定的完善，本部分通过借鉴其他国家关于先用权的相关规定，针对我国在专利先用权成立条件、实施限制及法律适用中存在的争议问题，提出了立法建议和完善意见。同时对建议方案进行了理由分析、成本效益数模分析和实证分析。最后，提出构建专利先用证制度，并论证了实施的意义、依据、权利确认和颁证主体等审批程序以及先用证书上的内容。

第七部分是研究结论与展望。

1.3.2 研究方法

本书写作涉及较多种研究方法，主要采用的研究方法是比较研究方法、实证分析方法、逻辑推理方法和数学分析法。

第一，运用比较研究方法。首先用于借鉴，本书广泛参考了大陆法系、英美法系主要国家关于专利先用权的规定，以期为我国专利法中先用权的规范与实践的完善提供智力支撑。其次，将比较研究方法运用于先用权与相关权利比较、先用权与相对权利的冲突。本书选择比较研究法的理由如下：一是专利先用权在各国专利法的具体规定中，有相同之处，也有宽严的区别。如美国和日本是严确认、宽实施，即对享有先用权的规定十分严格，但却没有规定严格的实施范围。德国则属于宽确认、宽实施。通过比较，可以从中看到差异，便于分析。二是为了进一步分析先用权的特征，笔者将先用权与在先权、商标先用权等相关权利进行了比较。三是为了讨论先用权产生引起的冲突，本书将先用权与专利权、专利申请权等进行了比较。通过比较研究，不仅厘清了先用权与其他权利之间的关系，也可以从不同法域的规定中获取更多经验。[1]

第二，运用实证分析方法。本书还发扬了实证主义研究范式的风格，对先用权成立条件、先用权的限制条款分析等相关议题采取了典型案例分析法。在先用权制度还存在缺陷的情况下，运用案例分析方法，将连续动态的典型案例进行分析，有助于对现有法律制度进行评价。

第三，运用逻辑推理方法。在具体论证过程中，很多地方都运用了逻

---

[1] 郑贤君．宪法学为何需要方法论的自觉？——兼议宪法学方法论是什么［J］．浙江学刊，2005（2）：5-10.

辑推理的方法，如关于先用权性质的讨论，“原有范围”就不同技术来源所做的区别性规定、委托研发的合同项下委托方的特殊先用权等，都采用了逻辑推理方法，提高了论证的质量。

第四，运用法经济学成本效益数学分析方法。在研究中发现，先用权与研究涉及的“必要准备”“技术来源”“原有范围”和“实施方式”等因素既有质的联系，又有量的关系。为了更全面、更准确地描述各因素之间的关系，以更好地服务平衡各方利益及社会效益最大化的制度设计，本书引入了法经济学成本效益数学分析方法，建立模型，对争议问题和完善意见进行了数学分析。

1.4 本书创新点

第一，论证了专利先用权的独立权利性质。在分析目前国内有关专利先用权性质三种不同观点的基础上，本书不苟同当前抗辩权说的主流观点，首次提出先用权是一种具有独立性质的专用权。本书从六个方面论证了提出的理由：①作为先用权前身的技术秘密专有权是一项独立权利，②权利法力说，③对先用权不可许可及限制转让就否定其独立性质的言论给予批判性论述，④对部分学者过于偏向从实证角度来分析先用权的性质给予否定论述，⑤否定先用权是一种抗辩权的观点，⑥认为先用权是一种仅供先用权人“专有”使用的权利。

第二，提出了完善“必要准备”规定的立法建议。建议将《最高人民法院关于审理侵犯专利权纠纷案件应用法律若干问题的解释》第 15 条第 2

款第（2）项的“生产准备”由原来的“必须完成准备”改为“正在进行实质性准备”；将第15条第2款规定的“必要准备”成立的条件，即完成“技术准备”或“生产准备”，改为完成“技术准备”和“完成或正在进行实质性生产准备”。特殊情况下，如果在总投资中，技术准备占比较高，那么完成技术准备，开始生产准备，就应视为满足“必要准备”条件；如果在先使用人的原有设备能够满足生产需要，那么，完成技术准备就可以视为满足“必要准备”条件。

第三，肯定了先用技术来源于专利权人处的合法性，并就不同技术来源的先用权继续实施的“原有范围”规定提出了立法建议。若先用技术是先用权人独立发明的，那么相比专利权人的使用、许可、转让这三种权利，先用权人只享有使用权，因此，其实施范围不局限于申请日前原有的生产规模。若是通过委托开发合同，先用权人作为委托方获得先用技术，在此情况下，该开发技术的动议是先用权人（即委托方）提出的，被委托方只是进行了技术难关的攻克，而且，先用权人（即委托方）支付了研发费用，承担了研发风险。因此，若被委托方后来成了专利权人，那么先用权人既可以不受原有产量在限制在事业目的范围内扩大生产，也可以通过合营方式寻求其他企业共同实施该技术。若是善意从其他发明人处获得，先用技术的继续实施将不受到“原有范围”的限制。若是善意从专利权人处获得，比如通过新颖性宽限期等方式得知该技术，则先用权人的实施应保持在“原有范围”内进行。为了进一步说明区分技术来源而给予“原有范围”不同标准建议的合理性，对其进行了法经济学成本效益的数学分析。

第四，建议在我国构建专利先用权证制度。根据发明、实用新型和外观设计各自不同的专利审查制度，提出对发明专利先用权实行“主动确认和被动确认”相结合的取得方式，即专利公告后，在先使用人既可以向国家知识产权局专利局申请先用权证，也可以在专利权人提起侵权诉讼后经法院确认先用权。对实用新型和外观设计专利先用权实行“被动确认”的取得方式。因为实用新型和外观设计只进行初步审查，所以为避免审查机关对先用技术或设计进行繁杂的审核工作，只通过诉讼形式被动确认此两类先用权。当先用权确认后，先用权人还需要向国家知识产权局专利局提交申请材料，最后由国家知识产权局专利局统一颁发先用权证。先用权证的颁发，使得先用权人的权利内容、实施内容、原有范围等在证书中得以详细记录，既是对先用权人实施应用先用技术的一种保护，其实也是对其的一种限制。

2

专利先用权的基本理论

2.1 专利先用权的产生背景

随着知识经济时代的到来，科学技术迅猛发展，知识产权日益受到各国重视，相关立法也相继出台，其中以保护工业技术发明创造为主要内容的专利法，亦被世界各国给予保护。而各国建立专利法律制度的基础是通过平衡专利权人和社会公众的利益关系，对有限的资源进行高效、公平的分配，使专利制度产生最佳的社会效果。专利法律制度的基本宗旨是保护发明人的智力劳动成果，保护其合法权益，防止其权利滥用，同时激励创新，鼓励知识传播与利用。保护发明人的智力劳动成果是指专利权人的利益，激励创新和鼓励发明创造的推广应用则是代表着社会公众的利益。加强对公共利益的保护是世界各国在知识产权及专利权立法中非常重视的。《与贸易有关的知识产权协议》（TRIPS 协议）的主要内容就是维护公共利益。在其前言第（e）条中，在“承认知识产权为私权”的同时，也“承认保护知识产权的诸国内制度中被强调的保护公共利益的目的，包括发展目的与技术目的；也承认最不发达国家成员在其域内的法律及条例的实施上享有最高灵活性的特殊需要，以使之能建立起健全、可行的技术基础”。该协议第 7 条规定，“知识产权的保护与权利行使，目的应在于促进技术的革新、技术的转让与技术的传播，以有利于社会及经济福利的方式去促进技术知识的生产者与使用者互利，并促进权利与义务的平衡”。第 8 条规定：“可采取适当措施防止权利持有人滥用知识产权，防止借助国际技术转让中的不合理限制贸易行为或消极影响的行为”。可见，作为知识产权法一部分内容的专利法，除保护专利权人的权利外，还应维护国家和社会的利益。这从知识产权的利益平衡理论便可见一斑。可以说，任何一部法律的诞生都是利益平衡的结果，当多方面的利益相冲突的时候选择一个平衡点，以此为中心便构建了一部法律，从著名的美国宪法到知识产权领域的法律概莫如是。

2.1.1 专利法是专利权保护和限制的统一

在知识产权的保护中存在多种利益冲突：发达国家与发展中国家的利益冲突、权利所有人与公众之间的利益冲突、权利所有人与国家及全人类之间的利益冲突、各个权利人之间的利益冲突，等等。在相互冲突的利益之间寻求最佳平衡点以协调各种利益冲突，是知识产权立法中的一个关键问题。专利立法也是围绕这一点进行的。

专利法的核心内容——专利权，是一种无形财产权。很多情况下这种无形的财产权会为权利人带来巨大的有形财富。同时一个社会的进步也很大程度上有赖于发明创造专利的推动。专利权还是一种独占的、排他性的财产权，是国家通过赋予专利权人一段时间的专利垄断权，以回报其创造性劳动所取得的智力劳动成果。在鼓励专利权人实施其发明创造的同时，也能使公众从专利权人公开的技术中获益。但由于专利法以保护专利权人的利益为其首要目的，因此，专利权人往往利用专利权的私权性质仅从自身利益出发滥用其市场支配地位采取不实施或者不充分实施其专利，或在专利许可中不正当的限制交易等方法来保护其排他性的垄断权，以期在竞争中获得有利地位。然而，专利得不到实施、应用将会阻碍技术进步，影响社会发展。于是，在社会公共利益与专利权人私人利益之间便隐藏着一触即发的利益冲突。

对专利权人的权利进行必要的限制，以协调专利权人的权利和义务，平衡专利权人与国家、社会之间的利益关系，从而有利于缓解个体利益与社会公共利益的冲突。正如博登海默所言："在个人权利和社会福利之间创设一种适当的平衡，乃是有关正义的主要考虑之一。"[1] 2003 年 12 月，韩国爆发大规模的禽流感，禽流感病毒开始在全球范围内蔓延。治疗禽流感的药品由瑞士罗氏（Roche）公司生产。罗氏公司为了追求利润最大化，在自身生产能力无法满足需求的情况下，依据其药品专利权人的地位，拒不授权其他制药企业生产，拒绝提供专利所保护的配方和生产工艺。之后，罗氏公司在联合国前秘书长安南和世界各方的压力下，态度才不得不有所

---

[1] ［美］E·博登海默. 法理学：法律哲学与法律方法［M］. 邓正来，译. 北京：中国政法大学出版社，1999：298.

改变。专利权作为一种财产权，排他性是其必然属性，保障专利权的独占性自然是保障专利权人利益的重要手段，但如果对专利权过度保护，甚至连基本的生命保障都受到威胁时，可能就是要重新思考专利权的定位的时候了。因此，对专利权进行合理的、科学的限制是非常必要的。

《保护工业产权巴黎公约》及有关专利的其他国际条约也对专利权规定了限制措施。《保护工业产权巴黎公约》第 5 条第 1 款规定，对于自申请专利之日起超过四年或自核准专利权之日起超过三年（取其到期日期最晚者），可以不实施或不充分实施专利权为理由而申请颁发强制许可证。各国专利法对此也都作出了一些限制性规定。各国专利法对专利权的限制措施主要有合理利用、强制许可和国家征用等手段。其中，合理利用是指法律允许的对受专利权保护的发明创造的某些利用，这些利用可以不经专利权人的许可，也无须向其支付报酬。先用权即为五种合理利用情形之一。我国《专利法》中也规定了对专利权限制的若干制度，如对专利权客体、授予条件、期限的限制制度，专利权的效力终止制度，宣告无效制度，强制许可制度，先用权制度，善意侵权制度，权利穷竭原则，计划实施许可制度，临时过境制度和专利侵权豁免制度，等等。

2.1.2 先用权的存在优化了专利先申请原则

为了更好地证明对专利权进行限制的必要性，有必要了解一下专利的申请制度。专利申请是发明人获得专利权的前提，也是将其发明创造进行公开的程序。由于专利的独占性、排他性，专利权人当然有权实施其专利，同时也有权阻止他人实施该项专利。专利权的这种特性决定了同样的发明创造只能被授予一项专利权，只能有一个专利权主体，即“一发明一专利”

原则。所以当同一内容的发明创造分别由两个或两个以上的单位或个人申请专利时，便只能对其中一个单位或者个人授予专利权。专利权究竟授予谁，是一个必须抉择的原则性问题。对此，世界各国专利法存在两种方法来解决这一问题，即先申请原则和先发明原则。

先发明原则是指几个发明人就同一发明创造提出专利申请时专利权授予最先完成发明创造的人。先发明制是将专利权理所应当地授予了最先完成发明创造的人。从鼓励发明创造的角度看，这一制度体现了公平正义原则，具有一定的合理性。但是，先发明制度也有不可小视的缺点。首先，该原则对社会公共利益不利。在先发明制度下，发明人常常认为他是最先发明人，总能得到专利权，迟些申请也无妨，因而常常倾向于对发明创造予以保密，致使专利权阻滞在自己手中。这样就可能造成他人的重复研究，他人也不能尽早从其发明中得到启发，因而对科技的进步不利。其次，判断谁最先完成发明创造是一件非常困难的事情。正如吴汉东教授所说，“这种证明相当麻烦，不但要考虑构思完成的时间，还要考虑发明实施的时间及发明人付诸实施的程度”❶，程序复杂，费时费力，大量消耗司法资源和社会资源。最后，先发明制度还造成了已获得的专利权具有不稳定性。按照先发明制度，专利被授权后，随时有人主张先发明者的权利，势必要重新进行调查，权利许可、转让等利用活动将变得难以判断和预料，导致资源的浪费和效率低下。❷

先申请原则是指两个以上的申请人分别就同样的发明创造申请专利的，专利权授予最先申请的人。先申请制度保护的是最先向行政机关提出申请的人。这样的制度设计显然很有利于发明创造的尽早公开，加速发明创造

---

❶ 吴汉东．知识产权基本问题研究［M］．北京：中国人民大学出版社，2005：423.

❷ 杨巧．知识产权法［M］．北京：法律出版社，2007：187.

的更新周期，在各发明人之间形成技术竞争，有利于技术的不断创新，同时也能够避免重复研究，各发明人通过有效技术检索还能够确定自己的发展方向，避免侵权，保持自己的技术优势。此外，由于先申请制度不需要证明发明创造完成时间的先后，只需证明提出申请时间的先后，因此，其证明程序非常简单，节约了社会资源。鉴于先发明原则的重大缺陷和先申请原则的诸多优点，目前绝大多数国家在专利申请和确认上实行的都是先申请原则。之前采用先发明制度具代表性的国家，只有美国和菲律宾。然而美国在 2011 年 9 月 16 日颁布了修订后的《美国专利法》，其中最主要的内容就是放弃先发明原则，采用先申请原则。我国与世界上大多数国家相同，也采用先申请原则，我国《专利法》第 9 条明确规定："两个以上的申请人分别就同样的发明创造申请专利的，专利权授予最先申请的人。"

但是，先申请原则也有一些不足之处。其一，该制度会造成科研人员在研究、设计上稍有成就，就争先恐后地申请专利，从而导致大量不成熟的、价值不高的专利申请出现，给专利审查工作增加不必要的负担。[1] 其二，通过先申请原则，被授权的专利权人不一定是最先完成发明创造的人，也不一定是最先实施该发明创造的人。在专利申请日前，有人已经制造出了与专利产品相同的产品，或使用与专利方法相同的方法制造出了产品，或者已经做好了制造、使用的必要准备，若专利权人依据其专利权要求在先实施人停止其实施行为，这对于在先实施人显然是不公平的，并且对在先实施人所投入的人力、物力、财力而言，也是一种极大的浪费。

为了克服第一点不足，大多数国家在专利法中设计了延迟审查制度，使申请人在提出申请以后的几年内考虑是否请求实质审查。而在尝试克服先申请制度第二点不足的努力中，人们设计出了专利先用权制度，即对于

[1] 吴汉东．知识产权基本问题研究［M］. 北京：中国人民大学出版社，2005：423.

未获得专利权的其他发明创造者，只要他们在专利申请日前已经制造相同产品，使用相同方法或者已经做好制造、使用的必要准备，法律就赋予他们一种特殊的权利，允许其在一定的范围内继续实施该专利，而不视为侵犯专利权。如此，就能够避免未获得专利权的其他发明人完全劳而无获。这种“特殊的权利”就叫作专利先用权。随着专利申请程序中申请在先原则成为国际上一项通行的原则，先用权也已被大多数国家的专利立法所确认。美国、德国、英国、日本、瑞士、瑞典等国的专利法规均规定先用权是限制专利权行使的一种例外情况，是可以与专利权相对抗的一项民事权利，先用权的行使不构成对专利权的侵犯。我国《专利法》也规定了先用权制度，对专利权人实行一定的限制，防止专利权人滥用其权利，这说明我国并不是绝对的采用先申请原则。这是因为先用权制度在一定程度上是保护了先发明人的利益，是对利益冲突进行平衡的同时加速专利技术转化为生产力而设计的一种制度。

此外，弥补先申请原则第二点不足的先用权制度还存在特殊情形，专利技术的在先使用人并不是该技术的独立发明人，在先使用人是通过合法途径获得的技术。当在先使用人为了使用该技术已经投资或正在投资时，该技术被他人申请了专利，那么，该技术投资人继续该技术项目是否侵犯专利权呢？法律是否应该赋予该技术的投资人专利先用权？大部分国家根据诚实信用和信赖保护原则，赋予了投资人专利先用权；但也有一些国家如美国等，他们对非独立发明的在先投资人的先用权作出了否定的规定。我国相关司法解释肯定了这种先用权，如《北京市高级人民法院关于专利侵权判定若干问题的意见（试行）》中规定：“在先制造产品或者使用的方法，应是先用权人自己独立研究完成或者以合法手段取得的，而不是在专利申请日前抄袭、窃取或者以其他不正当手段从专利权人那里获取的。”

由此可见，在我国即使不是独立完成发明的在先使用人，但只要获得途径合法、善意使用，该在先使用人也可以享有专利先用权。

2.1.3　先用权具有刺激创新和促进专利转化的功能

前述讨论主要从弥补专利先申请原则的不足来谈专利先用权产生的背景，接下来将从我国发展的现实加以考察。各国专利先用权制度的产生，都有其必要的社会历史原因，此处笔者主要谈中国专利先用权制度的产生。

中国在实现了由温饱到小康社会的发展后，当前处在大力发展创新性国家的阶段。技术的发展应用决定了一个国家创新发展的程度。调查数据显示，目前我国的专利技术得到实际应用的只有不足 20%，80% 多的专利处于休眠状态，这与美国等发达国家 30% 以上专利技术得以应月相比，存在差距。如何缩小差距，使专利技术得以更为广泛的应用，专利先用权制度起到了一定积极作用。专利先用权使得先用权人得以商业秘密的形式实施其专利技术，扩大了仅有专利权人及经专利权人许可的实施人的范围，但是由于我国专利先用权的相关规定过于限制先用权人实施其技术，因此存在诸多问题，亟待解决。

2.1.4　先用权制度的适用降低了专利制度的风险

当今世界，技术改革缩短了国家之间的空间距离，公司不断扩展投资范围，跨国经营活动日益普遍。知识产权法特别是专利法，在全球经济贸易中扮演着越来越重要的角色。但若专利制度中缺乏先用权的内容，在现实中会使很多生产商陷入两难境地。如果申请专利，专利技术将被公之于世，其他生产商很容易获得该技术并很可能在不支付使用费的情况下秘密运用这一技术。由于专利侵权行为经常难以监控，对技术申请专利往往意味着将此技术送给其他竞争者。而先用权制度存在的实质，则是保护技术秘密专有权人的利益，它符合经济正义理念。

另外，法律并未强制要求一项发明创造必须以专利形式存在才能获得保护。一项发明创造产生后，发明创造人可以选择以技术秘密专有权或专利权方式对该发明创造进行保护。专利申请过程繁杂，某些方法和加工过程很难符合专利申请条件，获取专利的成本有时高于发明经济收益，某些方法发明的属性不容易通过最终商品的外表获知，专利保护期有限，专利侵权行为难以发现且在实施法律救济时有诸多困难，[1] 上述因素阻碍了发明创造人申请专利的积极性，最终他们倾向于选择采用技术秘密方式保护自己的发明创造。但是当该发明创造被他人申请专利时，以技术秘密保护自己发明创造的先发明人将面临因发明创造以专利的形式被公开而丧失技术秘密专有权。同时，先发明人还可能面临被控专利侵权的诉讼风险。这既不符合法律鼓励创新的立法理念，也不符合法律的经济正义理论。先用权制度的存在，降低了专利制度对技术秘密专有权人保护的风险，在他人就该发明创造申请并被授予专利后，技术秘密专有权人只要符合专利先用权的成立条件，他就可以转变身份，成为专利先用权人，既免于侵权诉讼，又可以继续实施自己的技术。

---

[1] Leslie M. Hill. Prior User Defense: The Road to Hell Is Paved With Good and Bad Intentions [J]. Circuit B. J. 2001: 203.

2.2 专利先用权的含义和理论依据

什么是专利先用权，其理论依据是什么？这两个问题是研究专利先用权理论首先要回答的问题。

2.2.1 专利先用权的概念

专利先用权是因专利权而命名的一项权利，同样一项发明创造，可能有多个完成人或者非独立完成的合法知悉人。❶ 保护发明创造的成果有多种方式，如果先完成者没有申请专利，后完成者将发明创造申请了专利，先完成者该享有什么权利呢？我国法律规定，对在先使用人在专利申请前，已经制造相同的产品，使用相同的方法，或者已经做好制造、使用的必要准备的情况下，即使今后有人就相同的技术或方法申请并获得了专利权，在先使用人有权继续在“原有范围”内制造或者使用该项发明创造，这一权利就是专利先用权。专利先用权就是从保护没有提出申请但独立完成了（或合法获得）发明创造的另一个发明创造者（或合法获得者）的最低利益着想，赋予其一项特殊权利，即享有先用权的单位或个人，可以不经专利权人的许可，继续制造该产品或使用该方法。专利先用权是专利权侵权的例外，是对专利权权能的限制。

进一步分析专利先用权的概念。第一，相对于专利权是一种专有权，

❶ 郭禾．知识产权法教学参考书［M］．北京：中国人民大学出版社，2003：196.

先用权仅是一种专用权，不具有许可他人使用、转让第三人使用的权利。第二，专利先用权是在先使用人的继续使用权。如两个人完成了同一项发明创造，后完成者申请了专利，先完成者享有什么权利呢？先完成者具备什么条件才能享有先用权呢？由先用权的概念解释可知，先完成者如果没有申请专利，也没有实施的必要准备，自然无权利可享；但如果实施了专利技术，即使没有申请专利，依然可以继续实施该项技术。可见，专利制度是鼓励先申请，先用权制度则是保护实施专利技术。第三，专利先用权是一种可发生转变的权利。先用权的客体先于先用权存在，存在的形式是技术秘密专有权，被在先使用人秘密实施。只有等该技术被他人申请了专利，技术被公开，该客体才从技术秘密专有权的客体转变为先用权的客体。换句话说，客体没有改变，只是技术秘密专有权在专利权出现后转变成了先用权。

2.2.2　专利先用权形成的理论依据

在先申请原则下，基于专利授予条件“新颖性”的要求，先用权人与专利权人会在特定情况下产生冲突。真正有冲突的情形是先用权人原先秘密使用该成果，在专利权人申请专利后转入公开使用。如果先用权人原先就在公开使用某一发明成果，则这一事实足以使有关专利因丧失新颖性被判无效。如果先用权人一直秘密使用着某一发明成果，则永远不会与专利权人产生冲突。为解决先申请原则带来的这一冲突，平衡专利权人、先用权人和社会公众之间的利益关系，也为了保护先用权人的在先投资权益，我国参考有关国际公约和国外先进制度，在专利法中设置了保护先用权的条款。[1] 我国提出并制定先用权保护条款有其理论依据，具体如下所述。

（1）民法中公平原则和保护合法权益的客观要求。

我国专利法对专利申请并未实行强制申请原则，利用商业秘密一样可以保护自己的技术秘密专有权。因此，先用权人的技术秘密权不仅应该保护，而且既可以选择以专利法进行保护，也可以选择以反不正当竞争法进行保护。但是，专利法规定专利权只能授予先申请人，而且，这一权利具有独占性，非经许可禁止任何人擅自使用。如果在先使用人也不能继续使用，显然违背公平原则。应当设立专利先用权制度来保护先用人的利益。

（2）避免投资风险的有效手段。

任何投资都讲究收益，任何收益都需要成本。假如一家工业企业在先投资一项技术项目，正在投资或已经完成投资，被告知侵犯了他人的专利权。如何处理呢？放弃投资无疑是投资失败，继续投资又必须支付专利使用费。如果设立了先用权制度，在先投资人就可以免受损失，避免或降低投资风险。

（3）专利法立法宗旨的体现。

专利制度设立的目的是通过对发明人利益的保护来提高其创造积极性，从而促进科技的应用推广和快速发展。即既要保护和鼓励发明，又要促进应用。在奖励发明人的同时不损害其他公众的利益是大多数国家专利法所普遍遵循的原则。专利法从权利范围、保护方式和保护力度等方面都对保护专利权人利益作出了具体有效的规定，但是，如果片面强调专利权的保护，而忽视对相关利益主体的保护，则不利于全社会创新积极性的提高，也不符合专利制度的设立宗旨。另外，如果专利权人获得专利权后自己不积极实施专利，也不许可他人实施，那么相关技术发明便不能及时得到应

[1] 赵栋．专利先用权中若干基本法律问题初探［J］．科技与法律，2011（3）：94.

用和造福公众。因此，纵观各国专利立法，共性的一点是在强调专利权人利益保护的同时，为了兼顾其他权利人利益和公共利益，又对专利权进行了必要限制。具体到我国专利法而言，不仅规定了有条件的推广应用、法定许可，还规定了包括先用权在内的不视为专利侵权的特殊情形。

先用权的认可和保护，不仅可以打破专利权滥用，而且有利于促进专利技术的及时实施，甚至促进专利技术不断升级换代。可见，建立专利先用权制度，不仅不会弱化专利保护制度，还是对专利制度的完善和补充。

2.3 专利先用权的构成要件

专利法虽然赋予先用权人合法使用其先用技术的权利，但是对于先用权的主体、客体以及内容并未给予明确规定。先用权作为专利权侵权的例外而存在，因此，先用权的行使必然会削弱专利权的垄断地位。但是究竟如何规定先用权的成立条件，如何认识先用权的主体，先用权的客体与专利权的客体是否相同或者等同，先用权的权利内容包括哪些等内容，法律不但未给予明确规定，而且因为相关规定过于简单，使得法律界对于专利先用权的构成要件认识不一致，司法实践中也出现了一些混乱，专利权人和先用权人的冲突也不断升级。本书拟通过对专利先用权法律规定、相关论著，与专利权的构成要件等进行研究和对比研究，总结出了先用权的构成要件。

2.3.1 专利先用权的主体

讨论先用权的主体，首先要考察先用权产生前后的两个阶段。在专利权申请日前，先用权是以技术秘密专有权的形式存在，该权利的主体是技术秘密专有权的主体，即技术秘密所有人，包括自然人或法人。由于本书讨论的是专利申请提出并授权后的先用权的主体，而该主体与其前身技术秘密专有权的主体在权利的取得、权利的行使等方面存在千丝万缕的联系，因而有必要对确认技术秘密专有权主体的原则及我国的相关规定予以理解和把握。

技术秘密因其天然具有的秘密性，未经登记注册不具有对外表征的公示效力，因而难以确定其权利主体。我国《著作权法》《专利法》和《商标法》都明确规定了有关客体及其对应著作权、专利权、商标权的权利归属（即权利的主体），而技术秘密则缺乏具体规定。

根据现有规定及学者已做的研究，总结确定技术秘密的权利归属（即权利的主体）应当基于以下三个原则。

一是创造性原则。即为技术秘密的创造发明作出创造性贡献的人即是技术秘密的权利人。此原则符合马克思劳动价值理论学说。技术秘密是权利人智力活动创造的产物，因此也是一种财产。将技术秘密专有权赋予作出创造性贡献的人或者对其投入智力劳动的人，将极大地鼓舞权利人的创新积极性，更大地激励未来的技术秘密创造者的创新热情，开发出更多高水平的创新成果，从而造福大众。

二是投资原则。如同专利职务发明一般，作为公司或单位的员工、雇员，当执行工作任务或主要利用本单位物质技术条件完成了有关发明创造技术后，由其公司享有该技术秘密。公司或单位为员工、雇员完成该项技术秘密投入了足够的资金，提供了研发所需的场地和设备，甚至提供一些公司或单位未公开的技术成果，以推动该技术项目的开发完成。由于公司或单位提供的物质的、技术的研发条件对项目的完成具有实质性贡献，同时还向研发完成项目的研发人员支付了报酬，在此情形下，法律就将有关职务发明、技术秘密的专有权等赋予对其研发进行投资的公司、单位，而不是研发者。如此规定具有两点好处：一方面公司或单位需要有关技术秘密等为其带来竞争优势；另一方面公司或单位作为技术秘密专有权的主体，有利于将该技术秘密予以产业实施和推广应用。“商业秘密与其产生的‘温床’，即原单位的生产经营息息相关。从壮大规模经济、提高生产经营效率角度出发，商业秘密由原单位所有和使用才不会造成生产力的浪费，才能最快和最有力地促进社会生产发展。基于这种理论，世界各国对于职务成果均无例外地首先考虑单位权利。”[1]

三是契约自由原则。技术秘密具有财产属性，技术秘密专有权属于知识产权范畴，是一项私权，因此其权利归属自然可遵循契约自由原则。雇主和雇员、委托人和受托人等当事人在平等协商的基础上可自愿签订契约来进行约定。

在了解了目前确定技术秘密专有权权利归属（即权利主体）的三项原则后，对我国技术秘密的权利归属及规范评点予以准确把握，有助于明确专利先用权的权利归属（即权利的主体）。

同一项发明创造技术的专利申请被授予专利权是技术秘密专有权人转变为专利先用权人的时间临界点。技术秘密专有权人研发出技术方案后，未申请专利获得专利权，而是采取保密措施，以商业秘密的形式进行保护

---

[1] 张玉瑞. 商业秘密法学［M］. 北京：中国法制出版社，1999：125.

和使用。尽管我国没有专门制定商业秘密法对商业秘密的权利归属（权利的主体）作出规定，但可以参照专利法对专利权权利归属（权利的主体）的规定以及《合同法》有关技术合同部分规定的内容确定。

下文将对技术秘密专有权的三种权利归属类型，即权利主体的三种确认情形，予以探讨。

（1）非职务技术成果的权利归属。

《最高人民法院关于审理技术合同纠纷案件适用法律若干问题的解释》第6条中规定："合同法第326条、第327条所称完成技术成果的'个人'，包括对技术成果单独或者共同作出创造性贡献的人，即技术成果的发明人或者设计人。人民法院在对创造性贡献进行认定时，应当分解所涉及技术成果的实质性技术构成，提出实质性技术构成并由此实现技术方案的人，是作出创造性贡献的人。提供资金、设备、材料、试验条件，进行组织管理，协助绘制图纸、整理资料、翻译文献等的人员，不属于完成技术成果的个人。"由此，如果技术秘密是由研发者独立研发完成，不属于在单位交付的工作任务或主要是利用单位的物质技术条件完成的，则该技术秘密专有权应当归属于研发者个人。其中，技术秘密具有技术成分的，技术秘密专有权应当属于对该技术作出创造性贡献的研发者，即研发者本人是技术秘密专有权的主体。

（2）职务技术成果的权利归属。

探讨职务技术成果的权利归属，首先应把握职务技术成果的认定标准。有关职务技术成果的判断标准，可以从我国《专利法》及《合同法》的相关规定中找到依据。我国《专利法》第6条中规定："执行本单位的任务或者主要是利用本单位的物质技术条件所完成的发明创造为职务发明创造。"我国《合同法》第326条第2款规定："职务成果是指执行法人或者其他组织的工作任务，或者主要是利用法人或者其他组织的物质技术条件所完成的技术成果。”据此，职务技术成果的判断需要考虑两个因素：一是是否在“执行本单位（包括法人或者其他组织）的工作任务”；二是成果的完成是否“主要是利用本单位（包括法人或者其他组织）的物质技术条件”。《最高人民法院关于审理技术合同纠纷案件适用法律若干问题的解释》参照《专利法》《合同法》的规定，对职务技术成果作了进一步细化解释，规定了职务技术秘密成果的内容。从中可总结出，职务行为在学理上存在三个判断标准：雇员受雇从事的工作本质、技术秘密与雇主的营业或事业内容的关系、受雇人在开发或研究技术秘密时使用雇主资源的程度。[1] 也就是说，该技术秘密是否属于雇员完成的本职工作或者属于完成雇主交办的任务，是否与雇主的经营业务内容、范围相关，是否主要利用了雇主的物质技术条件，也即雇主是否为研发该技术成果投入了资金，提供了设备、厂房，甚至向研发者给予了技术支持。

①关于标准一“该技术秘密是否属于雇员完成的本职工作或者属于完成雇主交办的任务”的界定。根据《最高人民法院关于审理技术合同纠纷案件适用法律若干问题的解释》第 2 条规定：“执行法人或者其他组织的工作任务”包括：第一，雇员是在履行其就职于法人或者其他组织的岗位职责或者承担法人或其他组织交付的其他技术开发任务；第二，雇员离职后一年内继续从事与其原所在法人或者其他组织的岗位职责或者交付的任务有关的技术开发工作，但法律、行政法规另有规定的除外。根据上述规定，雇员开发的技术是其在法人或其他组织工作期间履行本职工作或单位交付的技术开发任务完成的，该技术秘密便属于职务成果。完成的技术秘密是

---

[1] 杨明．立法的解读，深入研究的导向——读谢铭洋、古清华等的《营业秘密法解读》[J]．电子知识产权，2004（5）：22.

雇员执行单位交付的任务，那么不论该任务完成的时间长短，也不论该雇员从事的是固定的还是临时的工作任务，该雇员研发出的技术秘密，都应当属于交付技术任务的雇用单位所有。对于离职后完成的技术成果，若要认定为职务成果，其条件是一年内完成，且该成果与该雇员在原单位的岗位职责或者交付的任务有关。该规定可以有效防范隐性偷盗企业技术秘密的不法行为，即避免现实中有的研发人员为了规避在职期间完成的发明创造属于职务成果，而将那些在职期间已经研发完成的成果或者是已经做了大部分研发工作的阶段性成果有意留待离职后继续开发的情形发生。

②关于标准二“雇员研发的技术秘密是否与雇主的经营业务内容、范围相关”的界定。具体理解时需注意三点：一是雇员履行的本职工作必须是与研发工作相关的。如单位的后勤人员、保管人员等完成的发明创造就可能不属于职务成果。二是该技术秘密与开发的雇员所从事的本职工作或单位交付的任务具有关联度。如从事计算机软件开发的雇员，研发出了化工产品的技术秘密，此技术秘密是否为职务成果，还要考查该研发人员开发的技术秘密是否主要利用了单位的物质技术条件以及单位是否给付了报酬等因素，进行综合判断。三是雇员研发的技术秘密与雇主的经营业务内容、范围相关。如雇主的经营业务范围是乳制品生产和销售，而雇员研发出某种服装纺织技术，显然雇员研发的技术秘密与雇主的经营业务内容、范围毫不相关，甚至无须判断雇员是否主要利用了本单位的物质技术条件，也可以肯定雇员是其技术秘密的权利人。

③关于标准三“主要是利用了雇主的物质技术条件”的界定。根据《最高人民法院关于审理技术合同纠纷案件适用法律若干问题的解释》第3条规定，“物质技术条件”包括资金、设备、厂房、原材料、雇主未公开的技术信息和资料等。根据第4条规定，“主要利用法人或者其他组织的物质

技术条件”既包括雇员在技术成果的研究开发过程中，全部或者大部分利用或使用了法人或者其他组织的资金、设备、厂房或者原材料等物质条件，并且这些物质条件对该技术成果的完成具有实质性的作用；还包括该技术成果的实质性内容是在雇主提供尚未公开的技术成果、阶段性技术成果的基础上，由雇员研发完成的。

具体理解、把握决定职务成果归属的物质技术条件因素时，须注意以下几点：第一，标准一雇员完成的本职工作或者属于完成雇主交办的任务与标准三主要是利用了雇主的物质技术条件两个标准，只要符合其中的任何一个，所开发的技术秘密就属于职务成果。而现实中，对于研发人员既执行原雇主的工作任务又主要利用了现雇主的物质技术条件的兼职行为而完成的成果，最高人民法院司法解释规定由双方协商确定归属，不能达成协议的，由双方雇佣单位共享。当然，各自所分享的比例和份额要根据其对完成该项技术成果的贡献大小决定。第二，标准三中的“物质技术条件”确实由雇主单位所有。该条件包括两方面内容：单位的资金、设备、厂房、原材料等物质条件及单位的前期未公开技术成果和阶段性技术成果。该条件必须为雇主单位所有，如非该单位所有，则完成的成果自然不能归属于该单位。对于雇员研发过程中利用的雇主单位已经向社会公开或已为本领域普通技术人员知晓的技术信息，由于其已为现有技术，已经属于社会公共财富，不属于单位所有的技术条件，因而利用此类条件完成的技术成果也不属于职务成果。第三，雇主单位的“物质技术条件”对雇员完成的技术秘密“贡献程度”标准的考察主要体现在以下两个方面：一是技术秘密的开发获得必须是主要利用了雇主单位的物质技术条件。对于雇员在技术成果完成后利用雇主单位的物质技术条件对技术方案进行验证、测试的，因为技术成果已经完成，单位提供的一些用于试验、小试、中试的物质条件，对成果的完成本身并无实质性影响，因而不属于职务成果。二是雇主单位的物质技术条件对雇员技术成果的完成具有“实质性影响”。此要求就是为避免单位仅提供一般条件而引发的成果归属纠纷。另外，对于有偿利用雇主单位提供的物质技术条件，约定了事后返还资金或者交纳使用费的，因为研发者已经返还了雇佣单位的投入或支付了相关费用，对此也不能归入是利用了单位的物质技术条件。即技术秘密本身是由雇员有偿使用单位的物质技术条件，自己实施的研发行为，此时单位的物质技术条件对于成果完成的贡献，已由研发者给予了对价给付。

在明确了职务技术成果的三项认定标准后，接下来探讨作为职务成果的技术秘密的权利归属。对于技术秘密系雇员履行职务行为而完成的职务成果的，如何确定其权利归属，专利法、合同法、最高人民法院司法解释都作出了相关规定。《专利法》第 6 条第 1 款规定：“执行本单位的任务或者主要是利用本单位的物质技术条件所完成的发明创造为职务发明创造。职务发明创造申请专利的权利属于该单位；申请被批准后，该单位为专利权人。”《合同法》第 326 条第 1 款规定，职务技术成果的使用权、转让权属于法人或者其他组织的，法人或者其他组织可以就该项职务技术成果订立技术合同。法人或者其他组织应当从使用和转让该项职务技术成果所取得的收益中提取一定比例，对完成该项职务技术成果的个人给予奖励或者报酬。法人或者其他组织订立技术合同转让职务技术成果时，职务技术成果的完成人享有以同等条件优先受让的权利。《最高人民法院关于审理技术合同纠纷案件适用法律若干问题的解释》第 5 条对兼职完成的职务成果的归属作了规定：个人完成的技术成果，属于执行原所在法人或者其他组织的工作任务，又主要利用了现所在法人或者其他组织的物质技术条件的，应当按照该自然人原所在和现所在法人或者其他组织达成的协议确认权益。

不能达成协议的，根据对完成该项技术成果的贡献大小由双方合理分享。

通过如上规定，可以看出，《合同法》规定了当事人约定职务技术成果的使用权、转让权归属于单位的情形。由此可推断出，《合同法》允许由雇佣单位和研发者（雇员）本人就职务技术成果的归属进行约定，既可以约定归属于雇佣单位，也可以约定归属于雇员个人。《最高人民法院关于审理技术合同纠纷案件适用法律若干问题的解释》第2条第2款对此进行了明确：法人或者其他组织与其职工就职工在职期间或者离职以后所完成的技术成果的权益有约定的，人民法院应当依约定确认。《合同法》及《最高人民法院关于审理技术合同纠纷案件适用法律若干问题的解释》对职务技术成果约定优先的规则，明显有别于《专利法》关于职务发明创造的专利申请权和专利权归单位的强制规定。但是合同法只是规范当事人之间契约关系的法律，在当事人没有约定职务技术成果归属时，仍然应当比照专利法的规定，由雇佣单位享有职务技术成果的相关权利。

比较以上规定，可以作出如此理解：尽管《专利法》《合同法》的法律规定存在冲突，但是根据特殊法优于普通法的原则，应当允许当事人依法处分自己的财产，包括技术秘密等无形财产的权利归属。雇佣单位可以将本来属于自己的职务成果约定归属于研发的雇员所有，这种约定优先的规则较为科学、合理，有积极的理论价值和实践意义，它既符合平等自愿和司法自治原则，也有利于提高研发者的创新积极性，促进技术革新和发展。

（3）委托和合作开发技术成果的权利归属。

《合同法》对于委托开发完成的技术成果的专利申请权、专利权归属与不申请专利的技术秘密给予不同的法律规定，对合作开发完成的技术成果的归属采取了相同的规则。《合同法》第339条规定：“委托开发完成的发明创造，除当事人另有约定的以外，申请专利的权利属于研究开发人。研究开发人取得专利权的，委托人可以免费实施该专利。研究开发人转让专利申请权的，委托人享有以同等条件优先受让的权利。”第 340 条规定：“合作开发完成的发明创造，除当事人另有约定的以外，申请专利的权利属于合作开发的当事人共有。当事人一方转让其共有的专利申请权的，其他各方享有以同等条件优先受让的权利。合作开发的当事人一方声明放弃其共有的专利申请权的，可以由另一方单独申请或者由其他各方共同申请。申请人取得专利权的，放弃专利申请权的一方可以免费实施该专利。”第 341 条规定：“委托开发或者合作开发完成的技术秘密成果的使用权、转让权以及利益的分配办法，由当事人约定。没有约定或者约定不明确，依照本法第 61 条的规定仍不能确定的，当事人均有使用和转让的权利，但委托开发的研究开发人不得在向委托人交付研究开发成果之前，将研究开发成果转让给第三人。”由此可知，无论是委托开发还是合作开发完成的技术成果，法律规定首先均以当事人的约定来确定权利归属。未作约定的，专利申请权和专利权归研究开发或共同研究开发者。如果不申请专利而以技术秘密形式存在的，归双方共有。

本书认为，这种以技术秘密形式存在的共有是一种松散型的共有关系，并非共同共有。因为任何一方都可以不经过对方同意自己实施或以普通许可的方式允许他人实施，并可以独占由此所获得的收益。这是出于促进技术成果的实施和应用的目的考虑的，只是共有方的实施不能损害其他共有人的利益。对于转让技术秘密、以独占或者排他许可的方式许可他人使用技术秘密的，将会严重影响其他共有人对技术秘密的使用和收益，影响其竞争地位。对于此情形，处分技术秘密的当事人必须经过另一方同意或事后追认。《最高人民法院关于审理技术合同纠纷案件适用法律若干问题的解释》第 20 条规定："合同法第 341 条所称'当事人均有使用和转让的权利'，包括当事人均有不经对方同意而自己使用或者以普通使用许可的方式许可他人使用技术秘密，并独占由此所获利益的权利。当事人一方将技术秘密成果的转让权让与他人，或者以独占或者排他使用许可的方式许可他人使用技术秘密，未经对方当事人同意或者追认的，应当认定该转让或者许可行为无效。"第 21 条规定："技术开发合同当事人依照合同法的规定或者约定自行实施专利或使用技术秘密，但因其不具备独立实施专利或者使用技术秘密的条件，以一个普通许可方式许可他人实施或者使用的，可以准许。"这与我国台湾地区"营业秘密法"关于任何一方共有人为使用共有的商业秘密或其应有份额的、需经其他共有人同意的规定有明显区别。

上文针对先用权的前身技术秘密专有权的权利归属，即权利的主体进行了探讨，接下来将论述当在后申请人获得授权后，申请人由于被授权成为专利权人，技术秘密专有权转化成了先用权，技术秘密专有权人随之演变为专利先用权人。

与技术秘密专有权人相同，先用权人既可以是自然人，也可以是法人，只要符合先用权的构成要求，先用权的实施"人"就是先用权主体。一般情况下，自然人作为技术含量较低的实用新型和外观设计专利的先用权主体的情况居多，而法人作为发明专利先用权主体的情况居多。因为完成一项难度大、技术含量高的发明专利技术需要投入大量的资金，并具有一定的技术、设备条件，个人一般很难独立完成。在很多情况下，一项发明专利的先用技术是在企业、科研院所、大学院校提供各种物质条件下完成的。另外，先用权所要求的已经完成了或作出了发明创造产品的生产、制造的必要准备，这对于一个单独的个人来说可能无法完成，一般都是要委托其他企业来实施。

为了更细致地研究先用权主体问题，我们有必要思考专利权职务发明人和非职务发明人的划分对于先用权主体的确认是否可以移植或借鉴。专利权的职务发明和非职务发明是围绕“当发明是执行本单位的任务作出或是利用本单位的物质条件作出时，除依照合同另有规定外，申请和取得专利的权利属于提供物质技术条件的单位”❶。完成发明创造的自然人可以作为发明人，所在的企业是专利权人。相对于先完成、后申请的企业而言，完成职务发明创造的自然人仍然是发明人，依然应该受到奖励，只不过企业因申请在后而成了先用权主体。非职务发明的先用权主体是原始发明人。值得关注的是，专利权人以先申请为条件，先用权的取得以先实施为条件，进一步说，先用权主体更多关注谁是先用权的实施者。先用技术的发明人并不一定具备主体资格，只有将先用技术应用于生产领域，才具备了主体资格。

《专利法》第8条规定了专利权共有的内容。伴随专利权产生而转换身份的先用权人，同样存在先用权共有的情况，即当两个以上单位或个人合作完成一项先用技术时，究竟谁是先用权主体？本书认为，若有协议约定的，依照约定内容；若无协议约定，先用权属于完成或共同完成的单位或者个人。在无约定的情况下，专利权共有内容关注“有权对完成的该发明创造主张权利的单位”及“对发明创造的实质性特点作出创造性贡献的人”❷。先用权主体则更侧重要求有实施或准备实施的行为和技术来源符合先用权规定。是否是发明创造者并不成为构成先用权主体的先决条件。此处还有一个问题应当特别注意，《专利法》和《专利法实施细则》规定对

---

❶ 文希凯．专利法教程［M］．3版．北京：知识产权出版社，2013：53-54.

❷ 《专利法实施细则》第13条。

于“两个以上的申请人在同一日期分别就同样的发明创造申请专利”，“可以自行协商共有申请专利的权利和专利权”[1]。

讨论先用权共有问题则需要提及本书中关于颁发先用权证的内容。若先用权证书记载的先用权主体，是在先使用人有证据证明自己享有先用权，并向专利行政主管部门申请颁发先用权证，对共有先用权的可作为共有先用权主体。同一项专利产生了多个先用权人也是正常的，同样应该由专利行政主管部门颁发先用权证书。由于先用权人的身份是可以并存的，先用权侧重实施应用的权利，不是独占或排他性的权利，所以，每个先用权人是可以平行存在的。

对于委托完成的先用技术发明创造，本书认为，由于委托方不确定未来是否申请专利，因此，当双方在委托合同中约定申请专利的权利和专利权归属时，依合同约定，但受托人未提出专利申请，而第三人先提出了专利申请后，受托人可以以先用权人的身份存在，即作为先用权主体，只要符合先用权的构成要件即可。

2.3.2　专利先用权的客体

先用权的客体即在先实施技术。与专利权客体一样，先用权的客体包括发明、实用新型和外观设计。关于先用权客体的研究需要特别关注两点：一是与专利技术采用“相同的产品、相同的方法”。此处的“相同”并非局限于产品或方法本身的相同，而是先用技术应该涵盖或多于专利的必要技术特征。因为缺少一个或几个必要技术特征并非专利侵权，而等同或多

[1] 《专利法实施细则》第41条。

出一个或几个必要技术特征才构成专利侵权。❶ 例如，甲公司独立完成 X 产品的研发，并已经制造或作好制造的必要准备，该 X 产品采用的技术特征为 A、B、C′、D。在甲公司将其产品公开投入市场之前，乙公司向专利行政主管部门提出 Y 产品的专利申请并获得专利授权。Y 产品包括的技术特征为 B、A、C（C 与 C′是实质相同的技术特征、D 是 X 产品多出的一个必要技术特征）。之后甲公司将 X 产品投入市场，乙公司以等同侵权为由起诉甲公司的 X 产品侵犯其专利权。在上述案例中甲公司能否以先用权抗辩乙公司的侵权诉讼？X 产品和 Y 产品的技术特征不同，明显是不相同的产品，但是如何判定侵权，即判定先用权客体的方法是什么？

关于“相同”及“多出一个或几个必要技术特征”较好理解，现实中也较容易判断。但是，对于与专利技术等同的先用技术，同样是专利先用权的客体，需要准确地理解和把握等同原则。等同原则的确立和发展与专利侵权形态的发展密不可分。实践中，专利侵权产品已经不仅仅与专利产品完全一致，而是“以基本相同的方式，实现基本相同的功能，实现基本相同的效果”的侵权产品。等同原则的确立和适用能够确保专利制度真正发挥其保护、鼓励创新的目的。那么作为对专利权限制的先用权，当然也应当适用等同原则，以全面、公平地保护先用权人的权益。

究竟何为等同原则，其适用方法是什么？对等同原则的准确把握便于明确先用权的客体范围。等同原则最初由美国创立，并通过判例逐渐发展出所谓“功能—方式—效果”准则❷，已成为美国等同侵权中最为重要的

❶ 周园．专利先用权中若干法律问题的探讨［J］．河南司法警官职业学院学报，2003（3）：114.

❷ 判断被诉侵权产品或方法中的某一项或某几项技术特征与专利发明权利要求中记载的相对应技术特征是否以“基本上相同的方式，实现基本上相同的功能，达到基本上相同的效果”。如果满足这一公式，则被认为是构成专利侵权，如果有其中任意内容未满足，都不应被认为是构成等同侵权。

制度之一，并被各国专利侵权判定所采纳。德国对于是否等同的认定，依赖于所属领域的技术人员在权利要求所述技术方案的基础上，结合说明书和附图的内容，是否认为被诉侵权的产品或者方法是显而易见的。德国这一判断标准的核心在于强调该领域内普通技术人员对于两种技术的比较判断。日本对于等同原则的判断标准采用所谓的“四要件”理论，既要考查是否以“基本上相同的方式，实现基本上相同的功能，达到基本上相同的效果”，又需依据本领域的普通技术人员对两件技术特征比较，是否无须经过创造性劳动就能够联想到。我国现行立法与日本较为相似，在客观层面上，判断“功能—方式—效果”准则是否成立，若成立就构成与专利技术的实质性等同。在主观层面上，以本领域的普通技术人员无须经过创造性劳动就能够判断为要求。虽然增加了判定者的主观难度，但是却对等同原则作出了适当限制，具有重要的意义。

先用权客体的确定，不论是采用主动确认模式还是被动确认模式，[1] 都应该坚持适用等同原则。

先用技术的来源是合法的。本书认为由先用权人独立发明、从其他独立发明人处获得以及通过新颖性宽限期、委托开发合同、借贷资金等方式从专利权人处获得的技术，都是合法的先用技术，都可以作为先用权的客体，具体证明性论述将在以下部分进行。

2.3.3　专利先用权的内容

通过对现有法律规定的分析，笔者认为专利先用权应该包括四个方面

---

[1] “主动确认模式和被动确认模式”在本书第六章“完善我国专利先用权相关规定的立法建议”之“专利先用权证的申请和审查”中加以论述和阐释。其中关于先用权的取得方式，探讨了采取主动申请取得和被动申请取得两种方式。

的内容：一是继续制造权，即先用权人在已经进行必要准备的前提下，可以继续在“原有范围”内实施该专利技术的权利。这是先用权人的一项基本权利，也是公平原则的客观要求。二是使用权、许诺销售权和销售权，即继续实施的权利的具体内容不仅包括继续制造权，还包括对生产产品的销售权、许诺销售权和使用权。此三项权利是先用权人依法享有的取得收益的权利。三是第三人许诺销售权和销售权，即专利先用权派生的权利，除先用权人权利外，还包括先用权产生的产品及其后续销售的权利。四是对专利权人提起侵权诉讼的抗辩权。

第一项权利内容是先用权人的一项基本权利，也是公平原则的客观要求。后三项权利内容则是在第一项的基础上引申而来的。先用权人在专利权人申请并授予专利前，制造该专利产品或使用该专利方法获得产品，无疑是要通过销售来获益。只要先用权人的最初销售行为没有使后来的专利产品因成为公知技术产品而丧失新颖性，专利权人的权利就可以合法存在，先用权人就应该继续享有销售、许诺销售和使用的权利。同时，对先用权人行使先用权而获得的产品进行后续销售的权利也应是合法的。可见，后三项内容皆是专利先用权的应有之义。此外，先用权作为对专利权的限制，针对专利权人的侵权诉讼，先用权人当然可以以享有先用权作为抗辩事由，而免除责任的承担。

2.4 专利先用权的成立要件

法律虽确立了专利先用权的地位，但对可以继续实施的在先权利是有条件限制的。相对而言，我国对先用权成立要件的规定是较为苛刻的。先用权成立条件的宽严规定多有争议，主张条件从严的观点认为，先用权的实施本质上就是对专利权的侵犯，必须从严。[1] 主张从宽的观点认为，先用权是一种独立性权利，不能因专利权限制先用权。

从现行法律看，先用权的成立应符合四个条件：一是时间条件，即以专利申请日为界限。在先实施必须是申请日前。二是行为条件，即在申请日前必须有实施的行为。这是证明在先使用的重要因素，这一行为表现为已经实施或者正在实施中；如果只是在先掌握了专利技术，并没有具体的实施行为，那将不能享有先用权。三是来源条件，即先用权人实施的专利技术的来源，或独立完成，或善意取得，必须来源合法。四是使用性要件，该要件包括“已经制造相同产品、使用相同方法”和“已经作好制造、使用的必要准备”两部分，符合即可判定使用性要件成立。对于上述四个条件，除了时间条件的规定在国内外异议较少外，其他三项条件，莫衷一是，甚至意见相悖。本书主要针对时间条件外的三个条件进行讨论和分析。

2.4.1 实施行为条件

先用权的实施行为条件要求先用权主体在申请日前须有实施的行为，即证明存在在先使用行为，表现为已经实施或者正在实施中。如果只是在先掌握了专利技术，并没有具体的实施行为，那将不能享有先用权。先用权的实施行为包括哪些内容？我国《专利法》第69条第（2）项仅提到制

---

[1] The Advisory Commission on Patent Law Reform, a Report to the Secretary of Commerce 48-49 (1992), 转引自 Martin J. Adelman, Randall R Rader, Harold C. Wegner, Cases and Materials on Patent Law [M]. West Group, 1998: 1067.

造行为，不包括使用、许诺销售、销售、进口等实施行为。这一规定显然是模糊不清的。在此，本书尝试进行分析。

第一，甲在专利申请日之前制造了专利产品，该制造依法不视为侵权。如果甲对自己制造的产品实施了使用、许诺销售和销售行为。法律并没有规定该行为的合法性，是否意味着先用权人不能行使该权利，或者说实施销售行为就是违法的呢？销售是投资收益的实现，制造权与销售权具有一体性，没有销售就意味着否定了制造权。仅仅制造产品或使用某种方法制造产品，但不能销售，将违背商业运行的常理，与先用权制度的设立目的不相符。因此，在确立先用权范围时，必须考虑制造权的实现，应该包括许诺销售权和销售权。

第二，甲是某项专利权的先用权人，在专利申请日前已经制造并在申请日后继续制造专利产品。乙作为甲所生产产品的销售商，购买产品后进行许诺销售或销售，乙的行为是否要受到专利权人的限制？这一点，在下文讨论先用权实施行为方式的范围时还要进行讨论。笔者认为：首先，若甲许诺销售、销售、使用专利产品，能够享有先用权，那么乙从甲处购进的专利产品是通过合法途径获得的合法产品。以此为前提，乙销售合法产品不应视为侵权，因此，乙有权对专利产品进行处置。这与专用权穷竭原则理论是相近的。其次，乙为购买甲的产品，投入资金；为使用产品准备厂房；为许诺销售产品进行宣传投资；为销售产品付出仓储、运输等费用，这些投资应当受到法律保护，也是符合先用权保护在先使用人已经形成的经济占有状态的立法之意。因此，第三人销售权是由先用权人的制造行为产生的权利属于先用权的派生权利。

第三，如果在申请日之前，甲已经进口专利产品，甲的进口权是否属于专利先用权呢？有人认为，进口行为也需要投资，如预付定金等，申请日前的进口行为也应该是在先实施的专利技术。本书不赞成此观点，理由在于：我国对专利新颖性实施了绝对新颖性标准，能够从国外进口的产品不可能在我国获得专利权，也就不存在在先进口行为。因此，进口权应该排除在先用权之外。

认真研究主要国家的关于专利先用权的规定不难发现，主要国家对先用权的实施行为均未做严格的规定。如德国、瑞典、日本、法国等国的《专利法》中采用了“实施”或“使用”的字眼。《英国专利法》将在先使用规定为“采取了一项善意的行为”，而不是比照赋予专利权人实施行为中采用的“制造”或“使用”的表达方式。这种表达明显比较宽泛。《德国专利法》规定在先使用人只要生产出“样品”就可以产生专利先用权，按照生产计划实施销售，同样产生许诺销售权和销售权。《法国专利法》规定，先用权不仅包括制造权也包括许诺销售权、销售权和进口权，理由是有权制造就一定有权销售。即使在世界知识产权组织关于《实体专利法条约（草案）》中，就先用权实施的具体行为、行为类型等也没有找到详细界定的内容。该草案规定只要一项技术还是新的技术，只要在申请专利保护之前，任何人的提前实施都形成在先使用权。专利获批后转换为专利先用权，先用权人继续实施的行为，受到法律保护。

2.4.2 技术来源条件

关于先用权人先用技术来源的独立性问题，我国《专利法》中未作明确规定。本书从已经发生的案例中考察判断，先用权人获得专利技术有三个途径：第一个途径就是自己独立完成了发明创造。只不过因为没有采用

《专利法》保护，才由本应是专利权人沦落为先用权人；❶ 二是在取得并实施于专利权人申请之前来源于专利权人；三是来源于独自完成发明创造的第三人，此第三人于专利权人申请前也完成了发明创造。

理论界对先用技术来源于先用权人独立完成发明创造并实施并无异议，现在争议较大的有两点：其一，从专利权人处获得专利技术先行实施可否获得先用权；其二，合法途径、善意取得可否作为享有先用权的标准。

关于争论焦点一，即对于专利技术能否来源于专利权人，一种观点认为，只要在先实施的技术来源于专利权人，即使形式和手段是正当的，也不能享有专利法意义上的先用权。如一个雇员可能在工作中了解雇主的技术秘密，秘密做好实施的准备工作。该技术秘密随后被雇主申请专利。这时，雇员不能引用所谓的在先使用来为自己辩护。❷ 另一种观点则认为，不应该以是否来源于专利权人来判断是否可以享有先用权，但通过侵犯他人技术的方式获得的专利技术不能享有先用权。为了明确技术来源的影响，《最高人民法院关于审理侵犯专利权纠纷案件应用法律若干问题的解释》❸对从专利权人处非法获得给予否定，即肯定合法取得。国外专利法对此也存在两种规定，体现了上述两种观点。如按照《日本专利法》的相关规定，从专利权人处获得技术的人不享有先用权。而《德国专利法》则规定只要符合一定条件，即使从专利权人处获得的技术，也可以享有先用权。

上述两种观点，我国立法应该如何取舍，国外立法中对先用权的技术来源出现不同规定的理由又是什么，都需要我们在立法时加以分析。有观

---

❶ 黄相君，关丽宏．论先使用权的确立条件及其几个适用问题［J］．知识产权，1995（5）：69.

❷ Lionel Bently，Brad Sherman. Intellectual Property Law ［M］. London：Oxford University Press，2001：509.

❸ 2009 年《最高人民法院关于审理侵犯专利权纠纷案件应用法律若干问题的解释》第 15 条规定：“被诉侵权人以非法获得的技术或者设计主张先用权抗辩的，人民法院不予支持。”

点认为，现在真正获得先用权的人并不多见，即使允许实施，也不会给专利权人造成大的伤害。因此，建议不必在先用技术来源上过多纠缠。笔者认为这一观点是不正确的，是以数量来影响制度的错误认识。我们既然保护先用权人利益，就要站在客观立场，从公平角度设计制度。通过对典型案件考察发现，先用技术来源主要集中在两个渠道，一是先用权人独立完成发明创造，比例应该占到三分之一；二是在专利权人不丧失新颖性的宽限期内对其技术的公开。[1] 我国对不丧失新颖性的宽限期规定尚比较严格，使提前获知的机会较少，但一旦获知，一般情况下，相对于技术并不复杂的专利技术而言，同行业、同领域的企业马上进入实施并不是一件十分困难的事。在一些对宽限期规定比较宽松的国家，如采用广义宽限期的美国，必然给公众提供更多成为先用权人的机会。[2] 正因如此，日本、美国等在其专利法中对先用技术来源严格规定，仅允许先用技术来源于专利权人以外的人，不承认来源于专利权人的先用权。[3] 德国等欧洲国家和我国类似，对不丧失新颖性的宽限期采用了狭义的宽限期，条件有所限制，降低了先用权由此产生的机会。如我国在新颖性宽限期规定上主要借鉴了德国的规定，对享有宽限期的条件做了三方面的规定，[4] 因此，对先用技术来源的规定可

---

[1] 不丧失新颖性的宽限期主要是指已授予专利权的发明创造，在专利申请提出前，以一些特定的情形被公开，如在国际展览会上首次展出、在学术技术会议上首次发表等。此提前公开，因宽限期的优惠而使相关技术或设计不丧失专利的新颖性要求。目前，世界上对新颖性宽限期的规定还不统一，部分国家对不丧失专利新颖性要求的提前公开规定得较严，而有些国家则规定得较宽松；另外，有的国家对宽限期的期间规定得较长。

[2] K. Jorda. On Prior Use Situations Equivalent to That of Japan, P. I. P. A [M]. Seventeenth International Congress, 1986.

[3] 向凌．我国专利权限制制度的革新路径 [J]. 知识产权，2013 (2)：83.

[4] 《专利法》第 24 条规定：申请专利的发明创造在申请日以前 6 个月内，有下列情形之一的，不丧失新颖性：①在中国政府主办或承认的国际展览会上首次展出的；②在规定的学术会议或者技术会议上首次发表的；③他人未经申请人同意而泄露其内容的。

以适当松绑，给予宽松处理。如规定在先使用人实施的专利技术，只要是通过合法途径获得的，可以不作严格限制，即在先用者实施的技术满足一定的条件时，可以来源于专利权人。事实上，无论是最高人民法院的司法解释，还是司法实践中所掌握的原则，都已趋向于这一观点。

关于争论焦点二，即在先使用人通过合法途径、善意获得先用技术是否就意味着先用权一定成立。当然这是依据现有规定倒推出来的，即如果先用权人获知该技术信息的途径不合法、手段不正当，如违背协议、违背发明人的意愿等，就必须否定先用权的成立。因此，对于是否基于获得先用技术途径的合法化来决定先用权的成立与否，本书认为，应通过考察具体获取途径和实际情况进行界定。实践中有以下几种情况值得注意：

第一种情况是在与发明人合作中获知专利技术。①通过与发明人技术合作，如与发明人签订了许可实施合同。虽然合法获得了专利技术，但如果超出合同规定的使用范围实施，或者在其他方面违背合同约定，都是违背发明人意愿的行为。在此情况下，即使获得了先用技术，也不能享有先用权。②与发明人签订了合作生产或加工承揽等合同，在合同执行中获知了相关技术。此情况下获得的先用技术可否获得先用权呢？判断的依据是合同中是否作出了约定。如果合同约定不能产生先用权，合作方不能成为先用权人。值得一提的是，一旦违背合同，还可能被认定为专利侵权。

第二种情况是在申请人提前发布时获知。主要指新颖性宽限期内、申请日之前，专利权人通过在展销会、学术交流会等场合公开了专利技术，使技术处于公开状态，如果第三人及时实施并不违背诚实守信原则，那么，此时出现的在先使用人就符合了先用权的条件，应赋予先用权。有人提出异议，认为这一技术来源于发明人，而且公开技术信息是国家鼓励和支持的，因此，不应让发明人由此而遭受损失。其实不然，发明人对技术信息的公开是自愿选择，虽然享有不丧失新颖性的国家恩惠，但提前公开尤其在同行业专家面前公开，势必要承担技术被抢先实施的风险。

第三种情况是在完全不知技术真实来源的前提下从第三方获知先用技术。第三方可能是独立发明人；可能是善意取得人；也可能是非善意取得人，但获知前后均不知晓，这样取得的先用技术能否产生先用权人？例如，甲是参与发明创造的研发人员，负有对技术信息的保密责任，但甲为了利益违反有关保密约定，擅自将技术泄露给乙。乙取得了先用技术并及时实施。鉴于乙取得先用技术时对技术的真正来源并不知情，被法院确认为先用权人。本书认为此种做法不妥。这实际上是把动产的善意取得制度嫁接到先用权的取得上，明显具有不合理性。《最高人民法院关于审理技术合同纠纷案件适用法律若干问题的解释》第 12 条对技术秘密使用权的善意取得制度作出了规定。这一规定主要依据我国《合同法》第 329 条：即善意得到一项技术秘密，取得者可以在取得该技术秘密时的一定范围内对该技术秘密进行使用。但是此使用不是无偿和无限制的，使用者不仅要给权利人支付使用费，而且要承担对外保密的义务。乙取得技术虽然无过错，但是取得的技术一旦被认定为侵害他人的技术秘密，尽管为了降低投资风险实施人可以继续实施，然而，这一实施权利仅是一种有偿使用权，而不是先用权。

综上所述，对于构成先用权的技术来源要求需要具体问题具体分析，在《专利法》中没有明确规定时，只能依靠司法解释予以明确。

2.4.3 “必要准备”条件

一般而言“必要准备”主要包括两项内容。一是“必要准备”是用来生产与未来专利产品相同的产品，或者使用了与专利方法相同的方法；二是“必要准备”是做好了相对于专利产品、方法而言的制造或使用的准备。最高人民法院的司法解释没有涉及第一项内容，实践中也少有争议，因此，本书着重对第二项内容进行论证。《专利法》在第69条第（2）项对“必要准备”虽然有所规定，但过于笼统、原则，难以作为司法审判的依据，也造成不同的解读，一定程度上影响了办案质量，降低了审判效率。因此，《最高人民法院关于审理侵犯专利权纠纷案件应用法律若干问题的解释》专门在第15条第2款对必要准备的标准进行了界定。然而，该款规定仍然存在一定的争议。

综上所述，笔者认为，只有当上述时间条件、行为条件、来源条件和使用性要件四个条件同时具备时，同一发明创造的非专利权人方能获得“在先使用权”。

2.5 专利先用权的限制

法律赋予专利技术在先使用人以先用权，但不能由此否认专利权的垄断性、专有性。专利先用权的实施也依然要受到专利权的制约。为了更好地平衡专利权人和先用人之间的利益关系，对其继续实施范围必然会加以限制。关于专利先用权的限制，我国《专利法》第69条第（2）项仅规定“仅在原有范围内继续制造、使用”，但何谓“原有范围”法律并未进一步明确，学界对此问题也是各有说辞，司法实践同样争议颇多。本书从以下三个方面来探讨专利先用权的限制问题。

2.5.1 “原有范围”的限制

在《最高人民法院关于审理侵犯专利权纠纷案件应用法律若干问题的解释》出台以前，国内外不少学者认为，“原有范围”的量化标准——先用人必须在专利申请日前的已有生产规模内实施先用技术——是有违先用权制度的，“产业领域”标准更为适用。具体讲，原有范围应该规定为所属产业领域。❶ 即在先使用的时间条件、必要准备和实施领域被确定后，在先使用人在此产业领域中不断扩大生产规模、提高产能，不应视为超出了原有范围的规定。日本学者纹谷畅男的观点也可以借鉴。他认为“原有范围”是指在先使用的事业本身，而不是指产量、产值和生产能力。只要不改变事业，只要在原事业上，在先使用人扩大生产规模不应属于突破了原有范围。❷《德国专利法》对先用权的行使规定得较为宽泛。只要符合先用权成立的条件，几乎可以享有除了许可使用和转让外的一切权利，法条中没有量的限制。❸ 但是，我国《最高人民法院关于审理侵犯专利权纠纷案件应用法律若干问题的解释》第 15 条第 3 款对《专利法》第 69 条第（2）项规定的“原有范围”进行了量化限制的解释。无论怎么表述购置设备、利用已有设备，最后还是落脚在生产规模不能突破。可见，我国法律对原有范围还是给出了量化的标准。

---

❶ 林广海，张学军．原有范围在先用权抗辩［J］．中国发明与专利，2008（4）：62.

❷ 纹谷畅男．专利法 50 讲［M］．魏启学，译．北京：法律出版社，1984：257-258.

❸ 陈子龙．关于先用权“原有范围”的再思考［J］．法学，1998（7）：49.

2.5.2 实施行为的限制

依照现有规定，本书对实施行为的限制理解如下：

第一，先用权被确立后，先用权人可以在“原有范围”内继续实施专利技术，继续实施制造权、许诺销售权和销售权。先用权不应该包括进口权，因为该进口行为与先用者在申请日之前实施有关技术的行为或者为之作好必要准备的行为没有任何关联。[1]

第二，先用权人在专利申请日前实施的行为如果仅仅是使用，那么，申请成功获得专利授权之后，继续实施的行为应当局限在使用上，不能扩大到制造、许诺销售、销售、进口等未在先实施的其他行为。

第三，先用权人在专利申请日前实施的行为是许诺销售或销售，[2] 那么，申请专利成功并获得授权之后，继续实施的行为仅包括许诺销售或销售。

第四，先用权人如果在专利申请日前已经实施进口行为，而没有其他行为，待申请专利成功后也只能继续实施进口行为，而不能实施其他在先没有实施的权利。

关于现有法律规定对在先使用的继续实施行为予以限制的合理性问题，本书将在下文予以论述。

[1] 尹新天．专利权的保护［M］．2 版．北京：知识产权出版社，2005：44.

[2] 程永顺，罗李华．专利侵权判定［M］．北京：知识产权出版社，2002：288-289.

2.5.3 转让和继承的限制

世界各国对先用权人是否享有许可使用权、转让权和继承权的规定基本一致。先用权不包括许可使用权、转让权和继承权。因为这三项权利是专利权人不可侵犯的权利内容。如果先用权转让，只能随同制造相同产品、使用相同方法的企业或企业中制造相同产品、使用相同方法的一部分或者随同原先准备制造、使用的企业或企业的一部分一起转移。[1] 此外，先用权一般也不能作为抵押、投资、入股、联营的标的。

2.6 小结

专利先用权的产生在弥补先申请制不足的同时也平衡了专利权人和先用权人之间的利益关系。本部分首先论证了专利先用权的产生背景、概念和理论依据；接着，通过比较论证了先用权的主体及其平行并存、实施者享有的特征、先用权客体及其与专权客体的等同性和先用权的权利内容。最后又从先用权技术来源、“必要准备”“原有范围”、实施行为和转让、继承等方面探讨了先用权成立、实施的限制内容。

---

[1] 潘志寿. 关于专利的先用权［J］. 知识产权，1999（1）：57.

3

专利先用权法律规定中存在的争议及与专利权的冲突

由于我国现有法律对专利先用权的规定过于原则化，因此，理论界和司法界都出现了对先用权的不同理解，有些甚至争议较大，也由此引发了先用权与专利权的冲突。从技术实施的现实来看，任何一项先进的技术在全国范围内究竟有多少家企业在同时使用，谁都难以说清楚。如果各自生产、各自销售自己的新技术产品，只要相互尊重，原本也相安无事。因为企业在市场竞争中的手段是多元化的，除技术因素外，还有市场调查、客户认可度、销售手段、售后服务质量等多种因素。由此可见，先用权与专利权之间未必一定要发生冲突。随着我国跃居为世界第一专利大国，专利不仅是专利权人自己实施的一项权利，正在演变为一种竞争、排他的手段。自己未必实施专利技术，收益主要来自许可使用或未经许可追偿的收入。在先使用者的实施行为本身具有积极意义，不仅使得相对应的专利技术提前进入市场，❶ 为公众所用，同时也能刺激专利权人尽快实施专利技术并对专利进行技术的创新升级以求获得更大市场。这对于国家公共利益来说无疑是有利的。况且，我国《专利法》对专利技术的要求仅是一个可以实施的技术方案，并没有要求马上得到可实施的程度。换句话说，一项专利技术即使被授权，到具体实施一般还有相当一段距离。❷ 此时，先用技术的在先使用不仅为专利技术的可操作性提供了实验和证明，并通过先用权人将相关专利产品提前投放市场，变相地为专利权人进行“试水”。在先实施的结果，给产品带来了一定的商誉，增加了消费者对于产品的认可度。对专利权人来说，先用权人起到了先锋作用，降低了其产品进入市场的成本。然而，若不对先用权给予限制，对于专利权人来说又将是免顶之灾。

通过第二章的论述，我们知道法律意识到了专利先用权存在的必要性的同时，也对其产生前的成立要件、产生后继续实施的限制条件给予了明确规定，即先用权只有符合一定的行为条件、技术来源条件、必要准备条件才能够产生，产生后的继续实施行为也将受到现有法律规定的限制。如给予先用权继续实施的“原有范围”限制。

先用权人与专利权人之间实现良性竞争是我们的期盼，也应该是立法的目的。但是，目前相关法律并未对专利先用权给予明确规定。特别是

---

❶ 此处所提到的相关专利产品提前进入市场，是在专利技术不丧失新颖性的情况下。因为许多技术方案难度大、技术含量高的专利产品（特别是发明专利）即使以先用产品的形式提前进入市场也不一定会为公众所知。若该先用技术产品进入市场后被公众通过反向破解等方式而获得了该技术，那么随后的专利技术将因为丧失新颖性而不被授予专利权，先用权也就不会产生了。

❷ 刘剑文，张里安．现代中国知识产权法［M］．北京：知识产权出版社，2003：402.

2008年最新修改的《专利法》中，对于学界一直期盼的关于专利先用权内容的修改仍未给予重视，使得专利先用权法律规定中的争议问题得不到解决，特别是关于“必要准备”“原有范围”一些标准的界定问题，依旧含糊不清。学界对与此相关问题的理解各异，司法实践中完全依赖法官自由载量。因而，现实中出现了相同的法律事实却给予不同的判决结果。由于先用权法律规定中的争议问题得不到解决，使得本身就处于跷板两端的专利权和先用权冲突不断。本章将对先用权规定中存在的争议问题进行系统分析，对先用权与专利权之间的冲突及其成因给予完整论述。

3.1 我国专利先用权的现行法律规定及其解读

本节梳理我国现行法律中关于专利先用权的规定，并就学界对于先用权的争议点进行必要的解读。

3.1.1 专利先用权的具体法律规定

我国关于专利先用权的规定主要体现在《专利法》和最高人民法院司法解释两个方面。

(1)《专利法》中的规定。

我国《专利法》中关于先用权制度的规定体现在第69条第（2）项：在专利申请日前已经制造相同产品、使用相同方法或者已经作好制造、使用的必要准备，并且仅在原有范围内继续制造、使用的，不视为侵犯专利权。《专利法实施细则》第 10 条对先用行为的时间问题给予了规定：“除专利法第 28 条和第 42 条规定的情形外，专利法所称申请日，有优先权的，指优先权日。”

（2）司法解释中的相关规定。

《最高人民法院关于审理侵犯专利权纠纷案件应用法律若干问题的解释》第 15 条规定：被控侵权人以非法方式或不正当手段获得专利技术，并以先用权抗辩的，不予支持。人民法院支持已经提前做好实施准备的情形有：一是已经做好技术准备，如完成了图纸设计和工艺流程；二是为生产购置了新的设备或准备原有通用的设备。针对《专利法》第 69 条第（2）项规定的原有范围，该司法解释做了量化规定，即专利权产生后，先用权人的继续实施要限制在生产准备可以达到的生产规模内。先用权人在专利申请日后将其已经实施或作好实施必要准备的技术或设计转让或者许可他人实施，被诉侵权人主张该实施行为属于在原有范围内继续实施的，人民法院不予支持，但该技术或设计与原有企业一并转让或者承继的除外。

早在 2001 年 9 月 24 日，北京市高级人民法院审判委员会就讨论通过了《北京市高级人民法院专利侵权判定若干问题的意见（试行）》，对于“先用权作出了界定，包括申请日前使用、相同产品、必要准备和原有范围等”❶。该意见对继续实施的范围作出了量化的要求，即原有范围是指申请日前原有设备的实际产量或生产能力。

3.1.2　对专利先用权法律规定的解读

为了使司法机关准确、有效地将专利先用权法律规范应用于司法实践

❶ 2001 北京市高级人民法院《专利侵权判定若干问题的意见（试行）》第 96 条。

中，有必要对上述“具体法律规定”进行解读。

第一，确立先用权的时间界限。先用权人制造或者使用的此前行为必须发生在专利申请日以前。如果发生在申请之后，则不能取得先用权。[1] 时间界限给予先用权产生的严格时间标准。

第二，先用技术取得和在先使用行为都必须是合法善意的。先用权人制造相同产品、使用相同方法或者为此而进行的必要准备的具体行为，必须是善意的，不能以不正当竞争为目的；先用权人获得先用技术的途径合法，而非不正当手段。如果通过贿赂、抄袭、窃取等不当方式获取技术信息，将不能获得先用权。

第三，先用权的实施仅限于“原有范围”。我国现有法律没有对先用权的实施范围作出规定，司法实践中按照“原有范围”认可。关键问题是对“原有范围”理解存在不一致的情形，给协调纠纷、依法判案带来很大困难。

第四，先用权构成条件上的“必要准备”。在发明人提出专利申请前已经形成在先使用的现实。这种现实就是在先实施人已经开始实施或者已经做好实施的准备。一是这些准备都是在申请前完成并持续进行着的；二是在先实施其发明创造，包括实质实施和名义实施。实质实施指在专利申请前已经开始制造相同的产品或者使用相同的方法，这种情况通过现场审查即可确定。名义实施指在专利申请日前相关技术文件的完成、可行性论证结果公布、签订合同、广告宣传、原材料购置等已经准备妥当。

第五，先用权实施的地域限制。专利权具有较强的地域性，即先用权规定是一种国内法规，不同法域不能认可先用权。一般情况下，国外的先用权不能限制我国的专利权，国内的先用权也不能对抗国外的专利权。

---

[1] 冯晓青．试析先用权及其在专利侵权诉讼中的适用［J］．发明与创新，1997（6）：32-34.

第六，先用权适用中的其他问题。一是依专利法法条上理解，在先使用产生的先用权仅包括制造权，而不包括使用权、许诺销售权和销售权。其理由是一种产品如果存在申请日之前的销售或使用，必然使该专利丧失新颖性，专利申请不成功，自然谈不上先用权的行使。二是关于专利先用权是否存在的认定。现有法律没有规定专利先用权是由专利行政机关主动确认还是由法院在诉讼过程中被动确认，司法实践中确认程序各异。三是仅在先获得技术不能享有先用权。先用权成立需要满足四个条件，不符合四要件，即使是最先完成发明创造的人也不能成为先用权人。设立先用权制度，其目的在于保护申请日前为了技术准备、生产准备而进行的投资，因此实施是先用权产生的前提，仅占有技术但没有实施的，不符合先用权成立的条件。四是在先使用的行为必须处于持续状态。在专利申请日前，在先使用人确实已经实施但并没有持续实施就停止了，等他人申请专利成功了又恢复了原来实施的准备。此时，在先使用人能否获得先用权呢？一般情况下不能享有先用权，但是，如果在先使用人停止实施的原因是不可抗拒的，应当同意授予先用权。如《美国专利法》第 273 条规定："如果先用者停止了对发明的商业性使用行为，则不能依据停止前的使用行为，对以后所进行的行为获得先用权。"❶

3.1.3　理论界对专利先用权法律规定的理解

我国理论界对《专利法》关于先用权的法律规定的理解各具特色。程永顺先生认为，先用权是指发明人就自身完成的发明创造提出专利申请之前，在先使用人如果就相同产品制造、相同方法使用做好了实施该项技术

❶ 韦晓云．专利侵权中先用权抗辩问题研究［J］．电子知识产权，2005（2）：53-55.

的必要准备。即使发明人申请专利成功，获得了专利权，在先使用人具有对该技术、在原有范围内继续实施的权利。[1] 吴汉东先生认为，专利先用权是指在专利申请人提出专利申请之前，在并不知道申请人发明内容或者该发明没有公开之前，独自完成或合法取得与申请专利的技术一样的技术，并且开始实施、持续实施，在申请人获得专利权后，该实施人仍然可以在一定范围内继续实施该技术。国内还有很多专家都给专利先用权下了定义，虽然语言表达各有千秋，但都是与我国国情相结合。通过对众多理解的分析解读，本书认为上述理解主要存在以下三个问题：一是部分理解太囿于专利法的规定，紧密围绕笼统的法条去拓展；二是部分理解关于实施范围和方式界定比较宽泛；三是多数学者的解释对“原有范围”局限于量化标准。

我国《专利法》对先用权作出了原则性规定，即在先使用人只要在专利申请日前，作好了实施准备或正在进行必要准备，那么就可以在“原有范围”内继续实施，不构成侵权。我国法学界主要从专利先用权的成立条件、实施限制进行了讨论。

回顾第二章关于先用权的成立要件的阐述，我们知道除了时间要件，其他三要件学界都争议不断。目前大家都认可的条件是“必要准备”，但其概念模糊，我国法学界、司法界一直存在不少争论。主流观点认为“必要准备”的内容至少包括两个方面：一是在先使用人必须为此已经投资较大，正在形成一定生产能力；二是在先使用人的投资与实施专利技术必须与该专利技术实施有密切关系，投资目的十分明确，就是为了实施该专利技术。对先用权的限制主要体现“原有范围”的界定。对于“原有范围”，理论界争议较大。现在多数学者认为，先用权的继续实施应该限定在“原有范

[1] 程永顺．中国专利法诉讼［M］．北京：知识产权出版社，2005：258.

围”。“原有范围”就应该是维持申请日前的产量和生产数量，参照生产设备所能够达到的生产能力的标准。仅有少数学者提出，我国应该借鉴日本、德国等国家的专利法的规定，将“原有范围”界定为在先实施的发明创造的领域范围内。❶

3.2 我国专利先用权法律规定中存在的争议问题

由于我国法律对专利先用权的具体规定不够细致，因此在先用权产生、权利范围界定、权利实施限制等方面争议较大。争议的主要焦点问题可概括为：先用权人的技术来源问题、“必要准备”的界定、先用权范围和先用权实施“原有范围”的规定。我国专利先用权在法律规范方面的问题十分突出，许多需要给予十分明确的问题仍然停留在学术争议的水平上，因此，司法实践中也只能是摸着石头过河。以下将对争议问题作出分析。

3.2.1 先用权技术来源问题

我国《专利法》对先用技术的来源虽然没有规定，但只有合法的利益才能得到法律保护，这一原则是不应存在异议的。在我国，先用权人的技术来源可以分为两类情况。

一是先用权人独立完成的发明。这一类是先用权人在专利申请日之前独立发明的技术，只不过没有提出专利申请或者没有及时提出专利申请，

---

❶ 郑成思．知识产权论［M］．3版．北京：法律出版社，2003：98.

因而不能获得《专利法》保护。十分明显，该先用权人完成的发明是智力劳动的成果，理应受到保护。对照先用权条件，只要符合，就没理由否认其先用权的成立。

二是先用权人非独立完成的发明。即先用权人获得的技术是通过合法途径，以直接或间接方式知悉该技术，并予以实施或为实施而做好了必要准备，这也符合产生先用权的条件。其中，十分常见的情况是先用权人就是从在后申请人处获知的该项技术。❶ 先用技术来源于申请人的可能性，主要体现在两个方面：①在《专利法》第 24 条规定的新颖性宽限期内，一项尚未申请专利的发明创造在中国政府主办或者承认的国际展览会上展出，或者在规定级别的学术会议上公开表达。这一表达，虽然在申请前公开了技术秘密，但法律规定了在公开后在一定时间内申请专利依然不丧失新颖性。但这一公开，给同一领域的技术人员进行了技术点拨，对于也在研究相同技术项目的人士来讲更是豁然开朗。如果在技术公开之后、发明人申请之前，有人运用知悉的技术进行制造准备，或者短期内就制造出产品，这种使用应该符合先用权的必要准备条件。②专利权人在申请专利之前由于种种原因主动将技术方案告知了先用权人。知悉专利技术后，先用权人进行了善意投资实施。

上述两类情况，在先实施人无论是自己研制开发的技术，还是通过合法途径取得的技术，只要符合成立条件，都应该可以享有先用权。但是，即使是合法取得技术的来源也存在异议，突出表现在是否可以从专利权人处取得技术。对此我国存在两种意见：一种观点与美国规定一致，认为先用技术不应该来源于专利权人，只要来源于专利权人，就不应该获得先用

❶ 尹新天．专利权的保护［M］．2 版．北京：知识产权出版社，2005：44.

权。[1] 另一种观点则认为，在先使用的技术未必都要是自己独立完成的，只要是以合法途径取得、善意使用，就产生先用权。[2]

本书认为，后一种观点对先用人、专利权人、公共利益三者利益平衡更为有利，更符合公平、合理、诚实、信赖的原则，也更有利于我国专利制度与国际接轨。理由如下：

首先，实行专利取得的先申请制原则，意味着在申请之前公众对现有技术的自由使用并无过错，是合法使用。在申请日之前，发明人无论通过何种方式向不定向人群公开了自己的研究成果，如国际展览会、学术交流会等，公众可以视为技术进入了公共领域。《专利法》虽然作出了新颖性宽限期的规定，给发明人提前公开、延迟申请提供了法律优惠，即不因为提前公开而丧失新颖性。但是，此规定并不能改变技术已经公开的事实。如果公众凭着对已经公开技术的了解和信任，在不知道发明人是否将来申请专利的情况下，对知悉技术进行实施或实施准备，这种使用实难算作侵权，也不应该因为发明人申请专利就被命令停止使用。

其次，对合法途径取得专利技术的先用权人而言，法律上并没有放任其使用专利技术。而是充分考虑专利权人利益，对先用权的实施给予了限制，如实施范围的限制，先用权权能的限制，实施行为的限制等。

最后，从相关的司法解释看，只要技术来源是合法的，在先使用目的是正当的，又符合先用权条件，且没有侵犯他人权益，其在先使用权利理应受到保护。世界知识产权组织即将颁布的《实体专利法条约（草案）》对专利先用权的规定，也只是规定“出于善意”即可。

---

[1] 程永顺．专利诉讼［M］．北京：专利文献出版社，1998：68.

[2] 李国光．知识产权诉讼［M］．北京：人民法院出版社，2008：416.

3.2.2 “相同产品、相同方法”能否作为先用权存在的前提条件问题

依照我国《专利法》规定，享有先用权的，其制造的产品或使用的方法必须是和专利技术一致的。若先用技术和专利技术不一致，在先使用人使用的便不是专利技术，此情形下的在先使用既不构成侵权，也不构成先用权。但对于这项非常明确的问题，学界依然存在两种观点。

一种观点认为：被控侵权技术与专利技术等同是先用权成立的条件。首先要判断的是自己实施的技术是否完全落入了专利权的保护范围，如果与专利技术方案及外观设计方案完全相同，被告可以以先用权提起抗辩；如果不同，或者被告以技术方案不相同进行侵权抗辩，就不能再适用先用权进行抗辩。在司法实践中，经常遇到被告既用先用权抗辩，又用自己实施的技术与专利技术不相同进行抗辩。实际上这两种抗辩理由是相冲突的。如果在先使用的技术与专利技术不相同，在先使用不存在专利侵权，先用权自然也不存在；若先用权抗辩成立，那么，两个技术方案必定是相等同的。

这一观点虽然代表多数派的观点，但仍然有不够合理之处。为了证明被控侵权技术与专利技术等同是先用权成立的条件，我们不妨假设涉案侵权技术与专利技术不等同，时间条件、行为条件、必要准备都符合先用权成立条件。那么可以形成先用权吗？显然不行。此情况下，被控侵权人只能以自己实施的技术与专利技术不同进行抗辩，而不能以先用权进行抗辩。但是，本书在对典型案例分析时，发现一些怪现象。在专利侵权案件中。法院认为，被控侵权技术与专利技术不相同，但属于等同，依然属于专利侵权。被控侵权技术与专利技术相同时，被控侵权人可以以先用权抗辩，那么，与专利技术不相同该怎么进行抗辩呢？这个问题，值得我们思考。

如果等同可以用先用权抗辩，不等同反而构成侵权，明显与先用权制度的立法宗旨不相符。司法实践中，又出现一个问题：在先使用技术与专利技术不等同，就说明先用技术不存在，但被控侵权人仍然坚持用先用权抗辩。

另一种观点认为：在先实施技术和专利技术是否完全相同与先用权是否成立没有任何关系。法院在专利侵权审理中，发现被控侵权人提起先用权抗辩的同时又以自己实施的技术与专利技术不相同进行抗辩。面对此情况，法院应当如何处理呢？首先应该判断侵权技术与专利技术是否相同，相同就产生先用权，不相同就不构成侵权。如果在先使用技术与专利技术不相同但属等同。法院就要对照先用权成立的条件，判断是否适用于先用权抗辩。由此可见，在判断在先使用技术与专利技术的比较结果时，必须与侵权判定原则结合起来，有利于案件的妥善解决。如某“灭火器”专利的专利权人陶某，在市场上发现 A 公司的“灭火器”采用了其专利技术，请求专利行政管理机关协调解决。A 公司虽然承认自己的技术属于专利技术，但是提出自己生产“灭火器”的时间在申请专利之前，不构成侵权。专利行政管理机关对双方提供的情况进行了深入细致的调查，提出了两点处理意见：第一，两种“灭火器”均采用螺纹连接技术，虽然两种“灭火器”的圈槽一个设在器头上、另一个设在筒体上，但连接后的结构没有区别，因此，两者没有实质上的差异。据此证明 A 公司的“灭火器”落入了专利产品的保护范围，构成了专利侵权。第二，专利机关对 A 公司提供的在先实施证据进行了落实。认定 A 公司确实在陶某申请专利之前已经试生产，生产准备、技术准备和样品生产都已经完成，应该享有先用权，继续制造“灭火器”的行为不应视为侵犯专利权。对此处理意见，专利权人没有异议。

从上述案例的调查和处理结果来看，要认定先用权，首先要对比被控侵权技术与专利技术之间是否存在差异。通过等同判定的原则分析技术特征的差异性，由此判断出先用技术与专利技术没有实质差异，得出结论是侵权产品落入了专利保护的范围。对此问题争议根源在于我国《专利法》对先用权的规定过于笼统和原则化，无法可依。

可借鉴国外立法规来更好地比较和分析我国存在的争议。如《日本专利法》中关于先用技术与专利技术比较的规定："在日本国内，任何人作出的与专利有关的发明创造在第三人专利申请时已经做好实施的准备。在第三人申请专利并被公布之前，并不知晓有第三人申请专利……"❶《德国专利法》中关于先用技术与专利技术比较的规定："对于使用人的效力限制：（1）专利对于在申请时已经在国内使用发明时、或对发明已经采取必要的筹备时，不发生效力……"❷ 由此可见，国外对先用技术与专利技术的比较中，没有使用"相同""等同"的概念，更没有以此限制先用技术的实施。与德国规定比较，《日本专利法》的表达更为准确些，如"与专利申请有关的发明内容"代替了"相同""等同"的表述。

3.2.3　先用权人实施行为方式的问题

专利在先使用权的行为方式有两层含义：一是在先实施的行为方式，即在先用权产生之前的在先实施行为方式；二是指继续实施的行为方式，即先用权确定之后，先用权人对在先实施技术继续实施的行为方式。

（1）在先实施的行为方式。依照我国《专利法》第69条第（2）项规定，是"制造相同产品、使用相同方法或者已经作好制造、使用的必要准

---

❶《日本专利法》第29条。

❷《德国专利法》第12条。

备”。如果严格按照法律条文理解，一是就产品专利分析。专利先用权成立条件要求的实施行为仅指制造和制造准备的行为，而不包括其他在先行为，如使用、许诺销售、销售、进口等行为；❶ 二是对方法专利分析。先用权成立条件要求的行为也仅包括对方法专利的使用行为。由此可见，先用权的权利范围要比专利权少得多。如果严格按照法律规定执行，先用权的认可和实施将变得毫无意义。

我们还可以就实施行为的程度和阶段进行分析：首先，如果甲在专利申请之日前，不仅已经制造了与专利技术一样的相同产品，而且对自己生产的产品已经开始销售、许诺销售。那么，按照继续实施已经实施的范围，甲的实施行为应该包括此前已经实施的销售和许诺销售，这个先用权就不应该仅包括制造权，还应该自然包括销售权和许诺销售权。其次，如果乙仅在专利申请日前实施了制造或做好了制造的准备，并没有开始销售和许诺销售，那么乙获得的先用权包括销售和许诺销售权吗？最后，丙在专利申请之前已经开始制造相同产品，并且不仅自己销售。如果丁从丙处合法获得其制造产品实施销售和许诺销售，那么丁的销售行为是否产生先用权？不是先用权的话是否是合法权利？❷

（2）继续实施的行为方式。《专利法》对在先实施的范围确定为制造专利产品和使用专利方法。专利先用权人继续实施的行为方式也被限定为“继续制造、使用”。这种允许制造而不允许销售的规定属于“允许走路却无路可走”的规定。面对先用权规定的尴尬局面，只有通过赋予先用权人对自己制造产品销售、许诺销售和使用的权利等立法改革来进行重新界定。

---

❶ 张玉敏．知识产权法学［M］．北京：中国检察出版社，2002：205.

❷ 中华人民共和国国家知识产权局．专利审查指南［M］．北京：知识产权出版社，2010：281.

3.2.4 “原有范围”的标准问题

一直以来我国学术界和司法界对先用权实施中“原有范围”的界定争议较大。“原有范围”是适用量化规定还是质化规定，成为争议的焦点。支持对“原有范围”作量化规定的学者认为：在实施先用权时，先用权人需要请求专利权人授权和许可，如果未经专利权人同意或授权，先用权人继续生产相关产品的产量不能超出在专利申请时的原有产量。[1] 杨金琪先生的观点是：“原有范围”应当是在专利申请日前，先用权人已有设备的生产能力。[2] 程永顺先生将此分为三种情况：一是对“已经制造”的先用权人来说，可以结合现有设备、正在安装的设备和已经购置的设备，计算出正常的单位产量，就是先用权人的最高产量，或不能突破的产量界限；二是对于未达到制造条件，正在进行制造准备的在先使用人而言，只能依据已经准备的设备推算出生产能力，作为继续实施的范围限制；三是对于不需要购置设备的在先使用人来讲就是专利产品生产的同类企业，拥有通用设备，需要通过考察生产场地、设备安装情况来推算生产规模。[3] 支持“原有范围”作出质化解释的学者认为，先用权制度的本质在于对在先权利的保护和尊重，如果对先用权人行使先用权做量化的限制，不仅违反了市场经济的规则，而且对先用权人也不公平。

国外对“原有范围”的认识与国内学者不同。日本学者吉滕幸朔认为，先用权被确认之后，先用权人只要不超出原有的事业范围，其实施规模可

[1] 汤宗舜．中华人民共和国专利法释义［M］．北京：法律出版社，1986：189.

[2] 杨金琪．专利、商标、技术合同疑难案例评析［M］．北京：中国物资出版社，1995：65.

[3] 程永顺．工业产权难点和热点研究［M］．北京：人民法院出版社，1997：259.

以任意扩大而不视为侵权。[1] 其他多数国家是对先用权的“原有范围”作出了质化规定。受国外对“原有范围”质化规定的影响，我国越来越多的学者开始发现量化规定的不足，在质疑中看到量化规定不符合先用权制度本质要求。部分学者认为，在先用权人继续实施中，应当限制的是不改变在先实施的事业或生产的产品，使先用权人继续在原领域内经营自己的投资。只要保持在原有领域，先用权人在申请日后扩大产量，不应该视为侵权。也有学者仍然不赞成给“原有范围”放开量化规定的限制。他们从《专利法》的立法宗旨的角度进行分析，认为先用权人继续实施专利技术，不仅要限制不改变原事业，而且要给予规模限制。如果不给先用人生产规模的限制，那么，专利权人除了比先用权人多了许可使用权和转让权，在专利使用上几乎没有差别。这样，势必损害专利权人的利益。

3.2.5 “必要准备”的界定问题

“必要准备”作为一个标准把握问题，一直存在着不确定性。实践中，法官在依据专利先用权判案时究竟应该如何把握“必要准备”这个度？要回答这一问题，本书认为有必要先了解关于其标准目前存在的问题。

（1）我国相关法律对“必要准备”的解释。

“必要准备”是我国《专利法》第69条明确的关于先用权的适用条件之一。关键是必要准备如何界定，司法实践中适用标准各异。有学者提出必要准备需要满足三个条件：第一，必要准备不能只是形式上的准备。仅仅有实施计划和实施意愿不应视为进行了必要准备，而必须是有实际行动，

---

[1] 吉藤幸朔．专利法概论［M］．宋永林，魏启学，译．北京：知识产权出版社，1981：167-170.

实质上进行了实施准备工作。第二，如果不是已经实施，仅是必要的准备工作，那么，准备工作与实施专利技术之间必须有一定的因果关系，即准备工作就是针对实施该专利技术而做的。第三，必要准备的内容不是抽象的、空洞的，应该是实实在在的，如购置土地、购置设备、购买原材料、培训技术人员等。

针对司法实践中对“必要准备”的争议，2001 年 10 月 10 日公布的《北京市高级人民法院关于专利侵权判定若干问题的意见（试行）》在第 96 条作出了解释：“必要准备，是指已经完成了产品图纸设计和工艺文件，已准备好专用设备和模具，或者完成了样品试制等项准备工作”。[1] 由上述表达可知北京市高级人民法院将“必要准备”的条件进行了具体化，即要完成“技术准备”“生产准备”和“完成样品试制”。时隔近十年，2010 年 1 月 1 日起施行的《最高人民法院关于审理侵犯专利权纠纷案件应用法律若干问题的解释》中对“必要准备”进行了界定。[2] 要求先用权人在专利申请日前须完成工艺技术文件，准备了实施的设备准备。由此可知，最高人民法院基本上采纳了北京市高级人民法院的规定。

（2）理论界对“必要准备”成立标准的争论。

关于“必要准备”成立的标准，学术界主要有二要件说和三要件说。

二要件的观点是必要准备完成是指全部完成“技术准备”和“生产准备”。技术准备是指已经全面掌握技术方案，具有实施的技术方案和技术人

---

❶ 中岛敏，等．中国《专利法》中的新问题——论制止侵权中的临时禁令制度与先用权的要件制度的设立、法律效力问题［J］．科技与法律．2003（4）：39.

❷ 2010 年施行的《最高人民法院关于审理侵犯专利权纠纷案件应用法律若干问题的解释》第 15 条第 2 款指出：“属于下列情形之一的，人民法院应当认定属于专利法第 69 条第（2）项规定的已经做好制造、使用的必要准备：（一）已经完成实施发明创造所必需的主要技术图纸或者工艺文件；（二）已经制造或者购买实施发明创造所必需的主要设备或原材料。”

员，从技术上保证实施条件已经满足。生产准备是指先用人在技术准备妥当的前提下，已经将投产需要的设备、人员、原材料等进行了实质准备。实质准备与实质实施具有因果关系，并不仅仅是土地上三通一平的基础性准备。[❶] 也有学者虽支持二要件说，但提出特定情形下只要完成“技术准备”就满足“必要准备”成立的条件。理由如下：先用权人多数情况下是相同领域的企业，已经拥有进行生产的设备，只要原材料到位即可投产。然而，如果先用技术属于特殊技术，需要特殊设备生产，那么，就需要同时具备两个要件。由此可见，“生产准备”属于实体性要素的准备，“技术准备”属智能性要素的准备。

主张三要件说的学者认为，除了“技术准备”“生产准备”二要件外，还需符合“完成样品试制”，才满足“必要准备”成立的实质性条件。“完成样品试制”的含义是什么？如果是专利产品，必须有产品产生，且经过了技术指标的检测，达到专利说明书的要求。如果是专利方法，必须已经试用，通过使用该方法生产出了产品，其产品符合专利说明书要求。上述“必要准备”至少应是“已经做好”，而不是“准备要做”。[❷]

3.2.6 申请日前的公开实施行为是否会产生先用权的问题

专利申请日前的第三人的秘密实施行为应该可以产生专利先用权。因为秘密使用并不破坏专利的新颖性，但以公开方式在先实施有关技术是否影响专利申请，从而影响先用权的产生呢？在此，本书通过一个相关案例进行分析。

---

❶ 尹新天．关于先用权的若干问题［J］．中国专利与商标，1994（4）：24.

❷ 刘立春．论先用权中“必要准备”成立的标准［J］．电子知识产权，2012（7）：80.

1994年7月20日，吴铭华、袁勤俭、何海平三人申请了关于“住宅油烟无阀排放管道”产品的一项实用新型专利。1995年4月14日，国家专利局经过形式审查决定授予实用新型专利。1995年6月7日，国家专利局发布了授权公告，专利证号为ZL94224338.2。1998年6月12日，安徽省建设厅在规范本省住宅设计标准时将吴铭华等三人的“住宅油烟无阀排放管道”专利技术作为“标准”汇集到了安徽省工程建设标准设计图集之中。依此，从2001年10月开始，夏德海按照安徽省建设厅的工程技术图集中的标准，对烟道等产品进行制造，而该产品采用的技术标准就是尚在有效期的专利技术。

正当夏德海生产、销售步入正轨时，吴铭华等人认为夏德海的产品采用了本案所涉专利技术，侵犯了他们的专利权，遂向合肥市中级人民法院提起专利侵权诉讼。合肥市中级人民法院判决认为，夏德海制售的烟气道产品落入了专利技术的保护范围，构成了侵权事实，被控侵权人理应承担侵权责任。

面对合肥市中级人民法院的判决，夏德海不服，在有效时间内向安徽省高级人民法院提起上诉，以先用权进行抗辩。上诉状辩称：其是在本案所涉专利申请日之前，即1994年3月就开始生产烟道产品，已经构成在先使用，继续制造该产品不应视为侵权。为了证明自己享有先用权，夏德海提供了在先使用的证据：一是依据马钢设计院所提供的资料，在排烟原理上参考了变压式排烟道原理，改进了产品；二是提供了使用此产品的马钢王家山小区、马鞍山市珍珠园小区。

安徽省高级人民法院经过确认上诉人提供的证据，仍然否定了先用权抗辩成立。安徽省高级人民法院认为夏德海继续实施超出了先用权范围。判决认为，虽然夏德海在专利申请日前已经制造并且销售烟道产品。但是，夏德海制造、销售是公开进行的，可能破坏了专利技术的新颖性，但不能产生先用权。同时，夏德海在继续实施中超出了《专利法》第69条第（2）项规定的“仅在原有的范围内继续制造、使用”的范围。因此，夏德海在先使用行为不产生先用权，也不能以先用权抗辩，上诉人使用先用权抗辩是对专利在先使用权制度的误解。安徽省高级人民法院依照《民事诉讼法》第153条第1款第（1）项之规定，判决驳回上诉，维持原判。

从安徽省高级人民法院的判决书中我们不难看出，此案争议的焦点在于先用权抗辩是否仅仅适用于以保密方式实施的有关技术，是否不适用以公开方式实施的有关技术。也就是说，是否公开使用直接影响先用权的成立与否。对于此争议，日本学者力挺判决行为，认为先用权只能给予在专利申请之前秘密使用者，不应给公开使用者。因为，如果在申请之前已经公开使用、公开实施将影响专利的新颖性。公开实施者仅需提起专利无效请求，使已经丧失新颖性的专利自始就不存在。

对于有人提出“让在先使用人提出无效请求，有违先用权人继续使用的立法宗旨”，更是毫无意义的。试想，先用人依据先用权抗辩来捍卫自己的继续实施权，那么专利被无效宣告不是同样可以获得继续实施权吗？而且继续实施中将不存在任何障碍。我国有学者明确反对日本学者意见，认为给在先使用者以先用权是先用权制度的重要内容，只要符合在申请日前实施或做好了实施准备，无论是秘密实施还是公开实施，都应该否认先用权的成立。也就是，即使是以公开方式实施有关发明创造的人，仍可以享有专利在先使用权。

如何依据我国现有《专利法》的规定找到解决上述争议的办法呢？申请日前的实施行为的公开与否真的会影响专利先用权的存在吗？我们知道，可专利性的实质条件是新颖性、创造性和实用性。

解读满足新颖性的条件，前提是在申请日或优先权日前，一是没有任何人以同样的发明创造（包括发明和实用新型）在国内外出版物、互联网和其他媒体上公开发表过；二是任何人对此专利技术或专利产品没有在国内外公开使用过或以会议、发言等其他方式进行公开而为公众所知；三是任何人没有再以同样的发明、实用新型向国家知识产权局专利局进行专利申请，而且已经记载在申请日后公布的专利申请文件中。上述条件可见，申请专利需要保持技术的新颖性，但任何人在申请日或优先权日前公开发明创造，都可能造成申请专利的技术丧失新颖性，使申请专利的技术成为现有技术。从《专利法》第22条新颖性要求条件考察，任何公开都会使技术丧失新颖性。

然而，我国《专利法》第24条还规定了不丧失新颖性的例外情形，明确规定以三种公开方式提前公开可以在一定时期内不丧失新颖性。三种公开方式有明确的级别限制，必须是中国政府认可的，如在国际展览会、博览会上的公开；国家一级学术交流会上公开；还有非当事人意愿，第三人以不正当手段进行公开。上述三种公开方式可以享有6个月宽限期，在此期间申请专利视为不丧失新颖性。既然法律规定了合理的宽限期，那么，在宽限期内在发明人申请之前，如果参加国际展览或学术交流者通过合法途径获悉发明创造的信息，并及时进行公开实施，是否可以证明该发明丧失新颖性呢？我国《专利法》没有作出明确规定。本书分析，对于在宽限期内的公开实施不应该影响专利技术的新颖性，否则，新颖性的规定就会失去意义。但是，对于在先使用人就是独立研发人，如果他先行公开实施，然后再申请专利，结果会如何呢？结果不仅先使用者不能申请专利，以后任何人也没办法就同样的产品和方法申请专利。可见，如果不符合宽限期的提前公开不符合可专利性；如果他人发明，在先实施者可能获得先用权；

如果自己发明，先公开实施再申请专利，则会导致专利申请失败。

回归案例，本书认为安徽省高级人民法院在判决时还应查明一个事实，即如果被告公开实施专利技术是在新颖性宽限期内，应该允许其以专利先用权进行抗辩。如果在新颖性宽限期之前，夏德海还可以选择无效宣告来维护自己继续实施的权利。

3.3 先用权与专利权的冲突

我国《专利法》提出专利先用权这一概念并规定先用权人使用专利技术不视为侵权，肯定了先用权与专利权在权能上的对立关系。专利先用权的存在，实质上是对专利权的权能限制。[1] 不同的先用权，也会构成对专利权的不同限制。先用权抗辩的应用也会与专利权形成利益上的博弈。构建专利先用权制度，目的就是协调先用权人和专利权人之间的利益关系，避免两权冲突及其由此引发的法律纠纷和诉讼案件。本节着重研究先用权与专利权两权的冲突，是在专利先用权基本理论及我国专利先用权相关法律规定的现状分析的基础上，讨论先用权与专利权的关系。不仅全面揭示了先用权的特性，而且通过全面论证两权之间冲突的内容，为协调冲突提供了理论依据。先用权与专利权的冲突主要表现在哪些方面，冲突引起了怎样的法律后果，将是本部分研究的重点。

---

[1] 汤宗舜．专利法解说［M］．北京：知识产权出版社，1994：78.

3.3.1 技术秘密权与专利申请权的冲突

我国《专利法》并没有规定强制申请的原则。我国法律在承认技术秘密权（即技术秘密专有权）的基础上，又对技术秘密提供多元化保护，即除了申请专利并获得专利权保护外，还可以通过《反不正当竞争法》对技术秘密进行保护。如果在先技术使用人完全掌握了在后申请的专利技术，并在实施中采取了技术秘密保护措施，那么我们可以认定在先实施的秘密技术就是专利技术，技术秘密所有权人就是专利权产生后的先用权人。据此，本书认为，先用权与专利权的第一个冲突就是先用权前身之权利——技术秘密权与专利权的冲突。这一冲突具体表现为技术秘密权与专利申请权的冲突。

（1）技术秘密的法律保护条件。

什么是技术秘密？我国《反不正当竞争法》第10条第3款对商业秘密作出了规定。商业秘密是指具有秘密性、价值性和保密性的技术、经营信息。根据《与贸易有关的知识产权协议》（TRIPS协议）第7节第39条第2款的规定，技术秘密作为商业秘密的主要形式，要受到保护，应符合三个条件：

第一是秘密性。即该信息作为整体或作为其中内容的确切组合，并非通常从事有关该信息工作之领域的人们所普遍了解或容易获得的。[1] 秘密性的规定是各国通行的做法，是商业秘密与专利技术、公知技术界定上的区别性标志和显著特征，也是技术秘密构成的条件，又是其获得法律保护、维系经济价值和垄断地位的前提条件。秘密性存在有两个要件：一是不为

[1] 郑成思．关贸总协定与世界贸易组织中的知识产权协议［M］．北京：学习出版社，1994：28.

公众所知；二是采取了保密措施。这是因为任何秘密的保护都不是绝对的，所以才有必要引进保密前提下的法律保障。

第二是价值性。《与贸易有关的知识产权协议》对此解释为“因其属于秘密而其有商业价值”。这是商业秘密区别于国家秘密中的政治秘密、个人隐私的主要标志。我国《反不正当竞争法》对商业秘密的界定中也要求应具备能为权利人带来经济利益的特征。

第三是保密性。严格控制涉密人员，建立健全保密制度，使客体处于秘密状态。这是对商业秘密专有权人的要求。只让法律帮助保护有价值的秘密是不够的，自身采取措施也是十分关键的。

（2）技术秘密保护适用的法律。

就技术领域而言，技术成果通常受《反不正当竞争法》与《专利法》保护。相对于《反不正当竞争法》而言，《专利法》保护的客体技术层次较高、范围较小、条件较高，仅对具有可专利性的技术提供保护。《反不正当竞争法》是《专利法》的有益补充，该法不仅保护处于秘密状态下的技术成果，而且保护不具有可专利性的技术成果，甚至保护已经超过保护期限的专利。对于那些由于立法时未预见而未被纳入《知识产权法》保护的客体，同样可以由《反不正当竞争法》保护，尤其是保护技术秘密权。[1]

（3）两权冲突的具体表现及其原因。

既然我国法律保护技术秘密权，那么，持有人享有技术秘密权的一项发明创造，如果被他人申请了专利，就会形成权利冲突。其冲突主要表现在：一是专利申请人是否侵犯了在先的技术秘密权。因为申请专利时要将技术要点公开，必然侵害技术的秘密性。此时迫切需要了解专利申请人的

---

[1] 沙美，等．试论反不正当竞争法与知识产权法的关系［J］．湖南科技学院学报，2005（2）：17.

技术来源。如果是独立研发，继而申请了专利，自然不承担侵权责任。但现实情形是，不少从事单位研发工作的自然人，原本是职务行为却利用自身对技术的知悉抢先申请了专利，侵犯了所在单位的技术秘密权，其应该为错误行为承担法律责任。二是技术秘密权利人为了避免专利侵权控告，可以在专利公告之后及时提出异议，阻止专利权的授予。三是专利申请成功后，专利权人必然以专利垄断地位禁止他人使用，那么技术秘密权人会无密可守，失去已有的技术优势。

我们考察两权冲突发现：冲突的前提是有人就技术秘密申请了专利，申请人获得专利技术的途径就成了冲突的焦点。如果专利申请人以不正当手段获取技术信息，对此，申请人不仅要承担侵犯技术秘密权的责任，还要因申请专利时公开了技术秘密的内容而承担侵犯商业秘密的法律责任。引起两权冲突的深层次原因是人才流动，产生了技术秘密权利人和其员工之间的利益冲突。一方面，劳动者依照我国《宪法》和《劳动法》享有劳动权、择业自由权；另一方面，商业秘密权利人的技术秘密和经营信息又不可避免地要让其员工知悉，知悉技术秘密的员工，尤其是技术员工，一旦流动到业务类似单位，就会形成不正当竞争，例如，依靠自身掌握的旧雇主的技术秘密，帮助新雇主申请专利。因此，在协调利益冲突的法律制度的设计上，必须兼顾两方的利益，努力实现利益冲突的最佳平衡。

（4）技术秘密权与专利申请权的冲突的法律协调。

为了协调冲突，首先，《反不正当竞争法》已经规定了竞业禁止，对于人才流动与技术秘密保护的冲突进行协调。其次，实行举证责任倒置原则，举证责任倒置原则是指被告举证原则。按照民法规定，一般情况下，谁主张谁举证。因人才流动造成企业技术秘密流失问题比较严重，直接导致侵权行为发生，侵犯技术秘密后使用上的隐蔽性特点，致使原告取证困难。

此时，如果仍按照谁主张谁举证的原则，原告的利益难以得到维护。因此，法律上改变举证责任分配原则，是合理的。在解决此类纠纷时，国家工商行政管理总局作出了规定：如果原告难以就技术秘密侵犯提供证据的，可以根据实际情况要求被告提供没有侵权的证据，被告拒不提供的，可以认定被告侵权。尽管这一规定有其合理性，但是，至今相关立法和司法解释并没有就此予以明确。[1] 最后，建议借鉴英美法系的判例，在我国推行临时禁令制度，即赋予法院单方禁止侵权人侵权活动的禁令。[2]《与贸易有关的知识产权协议》第 50 条中的“临时措施”就是临时禁令的体现，有利于及时制止尚未发生的技术秘密侵权行为。不可否认，技术秘密具有一旦披露即丧失其价值的特点，造成的损失很难准确计算。为此，实施防患于未然的临时禁令十分必要。

通过以上论述可以看出，尽管《反不正当竞争法》、国家工商管理局颁发的规章及《与贸易有关的知识产权协议》规定的禁令制度都为协调技术秘密权和专利申请权二者间的冲突提供了法律依据，但是我们不得不注意的是，两权冲突产生的最直接原因，即当专利的技术来源是通过窃取、盗用等不正当手段从先用权人的前身——技术秘密专有权人处获得的，那么技术秘密专有权人就可以对专利申请权提出异议请求，阻止专利的申请和授权。其实，此冲突并非真正意义上的先用权与专利权的冲突，而是围绕是否产生专利权、先用权而产生的冲突。这一冲突的结果无非两个：一是专利申请人的权利客体与技术秘密所有人无关，那么专利申请成功，技术秘密所有权人转换为先用权人；二是专利申请的权利客体与技术秘密所有人有关，或者说申请的专利技术来源于技术秘密所有权人，那么当申请专

---

[1] 张耕．人才流动中的商业秘密保护研究［J］．河北法学，2003（3）：57-61.

[2] 孟庆法，马一高．美国专利及商标保护［M］．北京：专利文献出版社，1992：177-178.

利通过初审和实质审查，进入专利公告的异议期，技术秘密所有人提出异议，只要证据确凿，就可以阻止专利权的产生，同时也就不存在专利权和先用权。

因而在讨论技术秘密专有权、专利申请权以及随后产生的专利权的冲突问题时，其关键点就围绕在专利技术的来源问题上。若是专利申请人独立完成的发明创造或是通过合法途径从技术秘密权利人处获得该技术，那么专利申请人与技术秘密权利人将不会产生冲突。若是通过非法途径从技术秘密权利人处获得该技术，即使由于种种原因，技术秘密人没能在专利公告的异议期提出异议，致使专利权产生。当专利权人对先用权人继续实施其技术提出侵权控告或严格限制继续实施时，例如，“原有产量”“原有规模”限制，先用权人销售行为的限制等，很可能使得两者矛盾、冲突升级。先用权人有证据证明公开使用了该项技术，而且是在专利权人申请专利之前已经被公开使用，那么该项专利将由于不具备新颖性而无效，此时专利权人和先用权人的主、被动身份也将完全颠倒。[1]

3.3.2 先用权与专利权在技术来源问题上的冲突

关于先用技术的来源问题，讨论的前提是专利权已经存在，通过技术来源的合理性讨论来确认先用权的存在与否。如果先用权人是独立研发得到的专利技术，享有先用权是无可争议的。如果是不正当手段或非法手段

[1] 此处所说的先用权的被动地位，不是指先用权依赖专利权而存在，而是指因为专利权的授予而使得技术秘密专有权人转变成先用权人后，其所拥有的先用技术的继续实施要受到《专利法》69 条第（2）项所规定的“原有范围”、实施行为等的限制。这些限制条件的出现使得先用权人行使先用权时不再像其前身技术秘密专有权人行使权利那样自由，因为《专利法》的立法目的是首先保护专利权人的利益，因而此时相比专利权可随意支配，先用权变得较为被动。

从专利权人处获得了专利技术，将被视为侵权。在此，我们研究的是专利技术若来源于专利权人，那么，该技术可否作为先用技术被先用权人继续实施。

专利技术来源于专利权人的情况很多，善意取得情形主要有两种：第一，先用权人是在新颖性宽限期内获得该技术，继而制造该技术产品、使用该技术方法。在此情形下先用权是否存在，又是否侵犯了专利权人的利益。第二，若是先用权人通过委托开发合同委托后来的专利权人开发某项技术，但由于合同中未约定未来谁对该技术享有专利权。如果在先用权人使用该技术的同时，后专利权人就该技术申请专利并获得专利权。专利权人获得专利权后，通过许可他人使用，影响了先用权人（即委托方）在市场上的销售份额，那么此时专利权人与先用权人就产生了冲突。以下，本书将针对如上两种情况分别展开论述。

（1）新颖性宽限期内获得该技术所产生的冲突。

新颖性宽限期有广义和狭义之分，我国一直以来采用狭义解释。即：申请专利的发明创造在申请日以前6个月内，有下列情形之一的，不丧失新颖性：①在中国政府主办或者承认的国际展览会上首次展出的；②在规定的学术会议或者技术会议上首次发表的；③他人未经申请人同意而泄露其内容的。[1] 本书的研究主要针对我国法条中关于新颖性宽限期的规定，探讨在此期间获得技术可否成为先用权人获得先用技术的一种途径。

从法条中可以看出，新颖性宽限期无疑是专利申请人丧失专利新颖性的一种例外情况。它允许发明人在提交专利申请前的一个特定期间内，以一定方式公开其技术而不破坏其专利的新颖性。这一例外，对于发明人无疑是一个优惠，一旦在法律认可的场合公开了或部分公开了技术成果，仍

[1] 《专利法》第24条。

然可以在宽限期内申请专利。但是，多数技术成果可见对于领域内人士而言就是一线之隔。发明人一旦公开准备申请专利的技术，即使不丧失新颖性，也可能被用来帮助行业内专家破解技术难题，或被领域内人士抢先投资该技术。

设置新颖性宽限期，只是对发明人的宽限，即允许发明人在申请前公开其发明创造的内容。那么，公众在宽限期内看好此技术，并为此进行了投资，做好了生产该产品的“必要准备”，投资行为是否应该受到法律保护呢？回答这一问题的关键是在宽限期获得技术是否合法？是否可以形成先用权？本书认为，既然该技术已经被发明人公开，尽管是受新颖性宽限期保护，但是先用权人在获得该公开技术时，完全没有理由去考查该技术是否是发明人未来要申请专利的技术，更不会考虑自己实施之后是否会被控侵权。另外，专利技术与公开技术有一个最明显的区分点就是专利申请日，若是公开时的技术也享有近乎专利技术的保护，无疑是将专利保护从申请日向前提前。这种对专利权人的保护，不仅不符合《专利法》的法律价值和立法目的，对社会公众也是不公平的。正如尹新天教授所说，“如果发明人不希望别人利用其发明创造，就不要在申请日以前予以公开，既然公开了，就不要指望排除别人予以应用，公众应用在申请日之前通过正当途径获知知识的权利是无可非议的”[1]。

由于先用权人实施该技术成了理所当然，发明人今后的垄断地位将因为先用权的存在而有所削弱。出于动态利益平衡的目的，新颖性宽限期给予了发明人不因公开其技术而丧失新颖性、创造性的优惠例外，扩大了对发明人获得专利权的技术源头的保护，给专利权人提供了更为宽松的环境。在此情况下，公众在申请日之前获得该技术的机会就会增多，同时具备了

[1] 尹新天．关于新颖性宽限期的问题［J］．知识产权，2002（1）：64.

获得先用权的可能，应该认为也是对公众利益的一种兼顾。至于在先用技术来源于新颖性宽限期的情形下如何协调先用权人和专利权人二者的关系，本书试图在第六章关于先用权法律规定完善建议部分展开论述，笔者认为，先用权人继续实施应限定在原有产量的限制范围内。

（2）委托开发合同项下获得先用技术所产生的冲突。

委托研发是科技创新的有效途径之一。企业出资委托高校或科研院所开发某项技术，本是一件双赢的好事，通过校企合作优化了资源配置。对高校而言，既帮助了企业，体现了为社会服务的价值，又促进了科研，积累了实战经验，还可以获得企业的资助。这也是发挥高校在我国自主创新中发挥作用的最佳途径。对企业而言，在人才不足的前提下仍然可以进行技术攻关，解决技术难题，促进产能和效能。但是在校企实际合作中，有时合同没有约定技术成果的权利归属，或双方在委托合同中未约定新技术成果的专利申请权，按照《专利法》规定，受托方享有专利申请权。那么在委托方实施该技术的过程中，受托方可自行申请专利并获得专利权。[1] 在这种情况下，委托方使用专利技术属于什么权利？如果说是专利权人的许可使用，双方并没有签订许可使用协议。委托方相对受托方的专利权人身份，变相地成为委托研发技术的在先使用人。那么，委托方对实施的专利技术享有先用权吗？

在申请之前使用，应该是先用权。但如果受托方受到先用权的限制，就有失公允。因为受托方自付申请费用和维护费用申请并获得的专利权，即使自己不实施，也可通过许可使用或转让方式取得收益。那么市场上自然就增加了该技术的使用人，增加了产品生产者，也增加了与委托人相同的产品，势必影响委托人或先用权人在市场上的销售份额。委托研发的技

[1] 见我国《民法通则》第 88 条、《合同法》第 339 条。

术一旦成为专利技术，委托方成为先用权人后，他的权利内容不再包括对该技术进行许可使用和转让。可以说，因为先用权人的身份限制，使得委托方遭受了巨大的损失。这时，先用权人与专利权人不可避免地产生冲突。虽然法律规定："受托人取得专利权的，委托人有权免费使用该项专利"，以本书理解，委托方（先用权人）可以不受"原有范围""原有规模""原有产量"的限制，但进一步分析，委托开发的技术问题是由委托人提出的，甚至向受托方提供了技术开发所需要的原始数据、技术资料。即使是失败的实验数据，对受托人而言都是很宝贵的。同时委托方还支付了相应的研发费用。为此，本书认为，此时先用权人在事业目的范围内扩大生产规模应该被允许。毕竟受托方是研发的投资人和风险承担者，使用自己投资研发的技术不应受到限制。另外，以委托方的身份获得先用权的先用权人还应有权通过合营等方式，寻求其他企业共同实施该技术，并且也可以在保密的状态下对该技术进行创新、升级。针对这一问题具体的分析性论述，将在本书第六章予以进行。

综上所述，由于委托方和受托方在签订委托开发合同时，未明确专利权的归属，使得潜在的技术投资者和技术开发合伙者丧失了独特的市场竞争优势。特别是委托企业原本所应具有的核心竞争优势、市场垄断地位，甚至是未来的有利融资地位都随之消失。可以说，此类存在权属瑕疵的专利不同程度地损害了委托方和受托方的利益。在二者产生冲突的情况下，法律上更多地保护了受托方，也就是后来的专利权人，而对委托方只是给予了最低限度的保护。

为了更好地消除二者的矛盾，本书认为：委托方，即后来的先用权人除了不具有专利权及不可以转让、许可该先用技术外，专利权人享有的其他权利，例如，使用专利技术，收益因此获得的效益，寻求合营伙伴，对专利技术进行创新等，先用权人应该同样享有。总之，这一在先使用权看似特殊，其实质也是先用权。如果通过先用权证载明权利义务关系，就可以避免纠纷。此内容还将在下文先用权证部分予以详细论述。

通过以上论述可以看出，由于先用技术的不同来源而引发的先用权和专利权的冲突的根源在于先用技术是否可以来源于专利权人处。由于相关法律没有明确先用技术是否可以来源于专利权人处，二者冲突不断。有学者认为，先用技术若是在专利权人申请专利之前从专利权人处获得，并将其实施应用，在专利权人获得专利授权后，在先使用人还可以继续使用对专利权人是非常公平的。毕竟专利权是以公开换取一段时间内的垄断，而此种非独立发明创造（包括从其他独立发明人处获得）的先用权的存在使专利权的垄断地位受到影响。要知道法律保护专利权人利益的前提是不损害公共利益，先用权的存在在一定程度上代表了公共利益，更何况先用权人从专利权人处获得的在先使用技术是通过新颖性宽限期、委托开发合同等合法途径。因此，只要对于先用权人在专利权人申请并获得专利权后的继续实施范围给予一定的限制，就可以既不损害专利权人的利益，同时又保护了包括先用权在内的公共利益。

3.3.3 先用权与专利权因不同抗辩事由产生的冲突

当先用权人有证据证明一项技术既符合先用技术的构成要件，也符合公知技术的构成要求时，面对专利权人向先用权人提起专利侵权诉讼，先用权人就可选择以先用权或公知技术抗辩来对抗专利权人，还可以向专利复审委员会提出专利无效宣告。但是先用权人依据不同的抗辩理由，将会对自己及专利权人产生不同的法律效果，即与专利权人产生不同的冲突。

具体来说，先用权人以先用权进行抗辩，如果抗辩理由得到法院支持，那么，继续实施先用技术（即专利技术）的行为也被限定在“原有范围”内。而公知技术抗辩成功后，则不会有实施范围的限制。

可见，以先用权为由进行抗辩，其结果只是保护了先用权人的最低利益。即不因为专利权人获得专利，而使先用权人之前为技术的研发及实施该技术所投入的人力、物力、财力白白浪费。同时赋予其在专利有效期内在原有范围继续实施在先使用的技术的权利。但是由于法律对于先用权的规定还是以保护或不损害专利权人利益为首要目标，因而对先用权人在未来实施专利技术的行为类型、行为范围等方面仍多加限制，使得专利权人在此种情况下只是分给了先用权人很小一杯羹，并不影响专利权人在市场上的专利支配地位。

先用权人若是以公知技术为由进行抗辩，其最终结果将是专利权人专利权的丧失。因为公知技术是任何人都可以使用的技术，一旦专利技术被确定为公知技术，不仅不限制任何人的使用，而且会因专利技术不具备新颖性而丧失专利权。

面对专利权人的侵权控告，先用权人可以使用不同的抗辩手段。针对先用权人的抗辩，专利权人也不会无动于衷。这其实已经形成了利益上的博弈，就专利权人而言，虽然拥有的专利垄断权、专有权是合法的，也是专利申请人所追求的；但是，如果先用权人采用公知技术抗辩，而且证据确凿，已经获准的专利权就可能失去。与其失去，还不如撤销侵权诉讼，与先用权人共同使用专利技术。就先用权人而言，虽然可以通过公知技术抗辩撤销专利权，但是，因为专利申请专利技术已经公开，有专利权的存在，专利技术的使用范围可以控制在专利权人和先用权人手中。一旦撤销专利权，无疑等于把专利技术送入了公共领域，技术使用的范围得到了无限性扩大，可能增加多个技术竞争对手。与其这样，还不如与专利权人共同使用，甚至与专利权人约定继续实施不受原有范围限制。如果双方理性对待冲突，那么利益博弈的结果，往往可以使冲突得到较好的解决。

由此可见，先用权人采用的抗辩事由不同，其与专利权人产生的冲突也大相径庭。先用权只是限制了专利权人的专利垄断实施权，平衡了专利权人与先用权人及社会公众的利益。在这种情形下，先用权人的地位还是比较被动的；而公知技术则更好地保护了已经进入公知领域的技术不再为专利权人的专利专有权所限制，而此时，专利权人的地位将丧失殆尽。

3.3.4 先用权与专利权在保护手段选择上的冲突

对先发明人而言，如何保护自己的发明创造是一个首先需要面对的问题。可以选择技术秘密保护，但并非所有的技术都适合通过技术秘密保护，因为绝大多数技术只要转换为产品，就无密可保。[1] 选择专利权保护，先发明人也会有两方面的担心：一是担心公开了技术方案，全部技术特征公布于众，此时，如果专利申请不能被获批，再回过头来也难以依靠技术秘密来进行保护；二是顺利获得审批通过并取得了专利权，因为技术公开，出现模仿使用也是防不胜防，加上维权困难，也不是可取的保护手段。如上所述，专利制度的实质是“以公开换取保护”。公开表达是获取保护的前提，保护是公开的对价和结果。

先发明人的发明创造，原本就是技术秘密。如果先发明人选择用《反不正当竞争法》保护技术秘密，显然不能产生排斥他人正常使用同样的发

---

[1] Lisa M. Brownlee. Trade Secret Use of Patentable Inventions, Prior User Rights and Patent Law Harmonization: An Analysis and Proposal [J]. Hein On line, 1990.

明创造的权利，只能是先发明人的一种利益。一旦有人在后申请了专利，可以通过在先使用所享有的先用权进行抗辩。如果先发明人选择了申请专利，公开技术，在后发明人只能重新修正研发方案。可见，先发明人在保护手段选择上，有相当大的自主权，选择技术秘密保护的，只要符合已经实施的条件，可以享有先用权；选择专利权保护的，经过国家知识产权局专利局审查批准，可以成为专利权人。

进一步分析发现，对于发明人而言，选择公开其发明创造的方式其实有两种：一是申请专利时依法公开技术方案；二是不申请专利，直接使用发明创造，在使用中公开技术方案。有学者认为，认可先用权的框架下，在先使用必须是非公开使用，只有秘密使用才可以产生先用权。如果在申请日前公开使用，就会因使用公开破坏专利技术的新颖性。由此推断，发明人选择公开使用，不仅破坏了申请专利技术的新颖性，造成难以申请专利成功的结果，也否认了专利先用权的出现。

对此问题的讨论，首先，从可专利性的条件进行分析，发明人如果公开使用，一般情况下会使专利技术丧失新颖性，不能获得专利权，当然也就不存在先用权；发明人如果在专利申请日前选择技术秘密保护，专利申请成功后就可以以先用权继续使用其技术。其次，从专利侵权抗辩角度分析，涉及专利侵权诉讼中的“先用权抗辩”或“公知技术抗辩”。对于专利侵权诉讼，我国采取的是司法和行政职权相分离的体制，法院没有确认专利权有效性的权利，在判决中必须以专利权有效为前提。因此，专利是否具备新颖性，不是法院考虑的因素。但是，如果被告以先用权提出抗辩，法院首先要审查被告的先用权是否符合《专利法》要求。可见，多数情况下，法院对被告的先用权的确定是被动的。法院确认先用权只能依据《专利法》第69条的规定。但此时，被告又多了一件抗辩的武器，依靠公开表达有可能使在先使用技术成为公知技术，提起抗辩。被告采用任何一种抗辩，只要于法有据，都可能抵消原告的侵权诉讼请求。必须指出的是，被告选择先用权抗辩，提供在先实施、必要准备等证据，此主张不会影响专利申请的新颖性。原告与先用权人只能相安无事、和平共处。如果被告采取公知技术抗辩，原告的证据会帮助被告的抗辩，印证原告的专利技术就是公知技术，此时，原告想保住专利权会比较困难。

3.3.5 先用权和专利权在权利内容上的冲突

专利先用权究竟包括哪些内容，我们可以对照《专利法》第 11 条关于专利权内容的规定，考察先用权的权利内容是否满足专利权的内容，即包括制造权、销售权、许诺销售权、使用权、进口权。《专利法》未对先用权的权利范围作具体规定。有人依据继续实施将先用权的内容理解为继续制造的权利，[1] 这显然不符合先用权的立法意图。试想，如果法律仅允许先用权人制造，而不允许其销售，岂不仍然是对先用权的否认吗？此时，在先使用人制造的产品依然属于非法产品，难以面世。显而易见，先用权不仅包括制造权，也应该包括许诺销售权和销售权。这是对在先使用行为的全面保护。

先用权与专利权在权利内容上冲突明显，先用权内容扩大，必然限制专利权的权能。因此，合理确定先用权的权利内容，有利于保护专利权人的利益。目前冲突的焦点是先用权是否包括进口权。针对此问题，本书后续内容中还将做详细讨论。

---

[1] Thomas A Fairhall and Paul W Churilla. Prior User of Trade Secrets and the Intersection with Patent Law：The Prior User Rights Stature［J］. e35U. S. C. 273. The Federal Circuit Bar Journal，2004：455.

3.3.6 先用权与专利权基于权利穷竭理论所产生的冲突

权利穷竭又称"权利用尽"原则，指在专利权人或者专利权被许可人出售专利产品之后，购买了该专利产品的人可以任何方式使用该专利产品，或进一步转让、出售、赠予该专利产品，不构成对专利权的侵权。《专利法》第69条第（1）项规定：专利产品或依照专利方法直接获得的产品，无论是专利权人直接生产完成，还是专利权人许可他人生产的产品，一经售出，第三人使用、许诺销售、销售、进口该产品的，不视为侵犯专利权，即专利产品首次销售后，专利权人不再对再销售、使用环节享有支配权和控制权。

规定专利权用尽后第三人的某些行为不视为侵犯专利权的理由有二：一是专利权人通过自己制造、进口或许可他人制造、进口专利产品，并予以销售，已从中获利，不应就同一产品重复获利。二是专利产品在合法予以制造、进口并予以售出后，如果专利权人还可以对该产品行使权利，他人对该产品的使用、许诺销售或者销售还要一一经过专利权人的许可，那就会大大阻碍产品的自由流通和社会经济的发展，且在实践中要对已经售出的产品再施行控制也是困难的。

本书主要围绕该理论来探讨先用权人的产品合法完成第一次销售之后，第三人的销售行为是否受专利权人的权利限制，第三人的销售行为是否符合权利用尽理论，这是先用权与专利权的冲突所在。

关于先用权人享有销售权、许诺销售权和使用权的问题，理论界和实践界已经达成共识，即先用权人有权实施销售行为。那么作为先用权人所生产产品的的经销商是否具备销售的权利呢？本书认为，经销商只要是从先用权人处合法购买的专利产品，其销售行为应该是合法的，理由如下：

第一，先用权人的产品是合法产品。既然先用权是合法的，其产品就和专利权人的产品一样是合法产品，这种合法产品无论如何流通，都不应该改变其合法的性质。

第二，先用权的内容既包括制造权，也包括许诺销售权和销售权，这是法律赋予先用权人的权利。既然先用权人对自己的产品享有销售权，那么第三人销售只是先用权人销售的延续，不应该受到专利权人的限制。

第三，先用权人和专利权人的销售权的属性是一致的，都是对合法专利产品的销售权，如果专利权人的销售权存在权利用尽的话，那么权利穷竭理论也适用于先用权人的销售权，即先用权人和专利权人对完成专利产品首次销售后的销售行为不存在制约权利。

通过上述分析，本书认为专利权穷竭原则同样适用于先用权人的专利产品首次销售。即当专利权人自己制造或许可他人，也包括先用权人或强制许可受益人制造的专利产品（包括依据专利方法获得的产品）流入市场并售出后，产品的所有者与民法上的所有者意义完全相同，其对该产品进行销售和使用等行为，不再需要权利人的许可，以后任何合法的处理均不构成侵权。

综上所述，只要存在先用权与专利权，就必然会存在权利方面的冲突，要协调这些冲突，一方面需要理清发生冲突的焦点和原因，另一方面需要找到解决冲突的法律依据。目前，面对先用权和专利权在诸多方面的冲突，究竟如何协调、如何解决，还处在分析冲突、研究冲突的诱因上，缺少解决纠纷的法律依据。因此，在此本书建议应进一步充实完善专利法和实施细则，为协调和解决两权纠纷提供完备的法律保障。

3.4 小　结

本部分主要是提出问题。

首先，在梳理我国有关先用权的法律规定的前提下，论述了先用权相关法律规定中存在的争议问题。具体争议点体现在以下几个方面：①对技术来源问题，主要针对在先使用人独立完成和非独立完成存在争议。②对适用先用权是否存在“相同产品、相同方法”这一前提条件存在争议，其实，认定侵权就说明等同，不等同就不应视为侵权。③通过在先实施和继续实施两个阶段，分析了先用权的行为方式问题存在的争议。④“原有范围”存在量化还是质化的争议。⑤“必要准备”作为先用权成立的条件，我国存在“二要件说”和“三要件说”的争议。⑥针对申请日前的公开实施行为是否会产生先用权问题，通过案例进行了实证分析。

其次，由于先用权的现行法律规定存在较大争议，因此，先用权和专利权之间也就存在必然的冲突，本书对冲突的体现及其原因进行了分析。

第一，讨论了技术秘密权与专利申请权的冲突。技术秘密权是专利先用权的前身，如果专利申请人是通过侵犯技术秘密专有权获得的专利技术，那么，必然受到技术秘密专有权人的异议，其申请权将被限制。

第二，本书主要通过两种情形对先用权人与专利权人在技术来源问题所引发的冲突进行了分析。一是先用权人在专利申请日前善意获得专利技术的行为并不受到专利权的限制，由此形成的先用权是正当的。二是委托开发中的委托人享有当然的先用权，即使因为委托合同没有明确权利归属，被委托人申请所获得的专利权，也不应该限制先用权人的使用。当然，先用权的合法存在，必然影响到专利权人的利益，其利益上的冲突在所难免。

第三，先用权人的抗辩权与专利权的冲突。先用权人面对专利权人的侵权诉讼，客观上有两种选择：一种选择是先用技术已经被实质性使用，如专利产品已经在市场上销售，专利产品已经被使用。专利产品被使用是否公开了专利技术，客观上大多情形下专利技术会被公开，尤其实用新型和外观设计，一旦产品进入使用环节，几乎无密可保，先用权人可以通过无效宣告的请求，宣告专利无效，对抗专利权人的诉讼。当然，我们也必须承认，有些发明专利不会因专利产品进入市场而公开专利技术，因此，先用人仍然可以以先用权进行抗辩。另一种选择是先用权人并未使用专利技术，仅是做好了生产专利产品的准备，或者产品并未进入市场，那么，先用权人只有依靠先用权抗辩。这两种选择，将使专利权人面对不同的命运，即或失去专利权，或因先用权存在受到限制。

第四，讨论专利权与先用权的冲突，其实是第三个问题的延续。先用人是否实施销售行为，是对专利权抗辩的升级。专利权人如果默许先用权的存在，两权相安无事，一旦专利权人提起侵权诉讼，其结果必然引来抗辩，即先用权抗辩，或公知技术抗辩。

第五，讨论了先用权和专利权在内容上的冲突，即如何合理界定先用权的权利范围。先用权人既然享有对专利产品的继续制造权，那么，也必然追求拥有与专利权人相同的权利范围，但是，如果默许先用权范围等同于专利权，势必侵害专利权人利益，因此，先用权的范围必须受到一定限制。

第六，主要讨论专利权穷竭理论是否适用于先用权。有学者认为，先用权人的专利产品在第一次销售后的再次销售仍然受到专利权人制约。本书持否定意见，并明确提出三点理由。

4

专利先用权的法律属性

属性即事物本身固有的性质，法律属性即法律固有的性质。研究专利先用权的法律属性，不仅是研究先用权的理论前提，而且是制定先用权成立条件、继续实施规定的重要依据。那么，专利先用权具有哪些法律属性呢？本书认为，专利先用权主要具有存在的正当性、权利的独立性和实施性三种法律属性。

4.1　专利先用权的正当性

我国《专利法》赋予专利权人在规定时间内享有排他性的权利，旨在鼓励发明创造，保护发明人的利益。而专利先用权是否具有存在的正当性，是权利存在的法律价值所在。本书试图从公平原则、诚实信用原则和信赖保护原则、劳动财产理论、利益平衡理论四个方面来阐述专利先用权存在的正当性。

4.1.1　从公平原则考察

公平在法律中的尊崇地位与重要性无以复加，法律一直被视为“良序和公平的艺术”，公平成为法律的同义词。[1] 公平原则是民法中的一项基本原则，我国学者对于其内涵，给予了各自独到的见解。有观点指出，公平原则指民事法律行为内容的确定，应当遵循公平的原则。有学者认为，公平原则是指民事主体应本着社会公认的公平观念从事民事活动，司法机关对民事纠纷行使裁判权时，也要体现社会主义及公共道德的要求。还有学者认为，公平原则是法律确立的以公平理念确定民事主体的民事权利、民事义务乃至民事责任的基本原则。笔者认为，在论证专利先用权存在的正当性时，依据的公平原则应是“各人得其应得”的观念求取最大程度的实现。在此，我们依据公平原则来分析专利先用权存在的正当性。

第一，运用公平原则，平衡先用权人与专利权人利益之间的公平。首先，知识产权的私权属性决定了专利权是一种财产权，即进行专利技术研发的单位或个人，一旦申请被授予，专利可以带来财富，甚至是数倍于研发投资的回报。专利权又是一种禁止性的权利，即专利权人有权禁止未经

---

[1] 易军．民法公平原则理论之检讨与反思［J］．浙江社会科学，2012（10）：51．转引自：［美］彼得·斯坦，约翰·香德．西方社会的法律价值［M］．王献平，等，译．北京：中国人民公安大学出版社，1990：74．

自己许可而擅自使用专利技术的任何行为，其行为人需要承担侵权的法律责任。从法律上看，这种禁止权似乎是绝对的，也是合理的，但如果有人在专利权人申请之前已经实施了专利技术或正在准备实施专利技术，是否因为专利权的存在而必须放弃使用呢？从《专利法》保护专利权来看，专利权具有排他性，在先实施也是侵权；从公平原则考察，对在先实施者如此规定是不公平的。既然有申请日的界限标准，那么，在此之前的专利技术使用不存在侵权问题，此后的继续实施也是合乎情理的。其次，在先实施者在专利申请日前已经进行了投入，已经做好了实施的准备，或者已经开始实施，因专利权产生而否认在先投资的合理性和合法性会造成社会资源的浪费，损害先用权人利益，有违公平原则。为此，各国通过先用权立法来调节在先使用与专利权的关系，体现了公平原则。

第二，专利法立法宗旨是鼓励发明、促进应用。其实，应用是专利的根本，再好的专利不能应用或得不到应用，也毫无意义。在鼓励和保护发明人利益的同时，专利法应该侧重促进专利应用，促使专利技术尽快转化为生产力，发挥更大的作用。在现实生活中，有些专利权人申请专利就是为了一项科技成果，争取国家的科技成果奖励，根本没有想到如何推动专利技术的应用。有些专利权人，自身没有能力应用专利，又不愿许可别人使用。这些专利权人的行为不符合《专利法》的立法宗旨。在先实施者是早于专利权申请日将专利技术投入实施者，虽然不是专利权人，但确实是专利技术的推动者，专利技术转化的促进者。正如保护专利权一样，此种专利应用行为也理应得到支持。否则，不仅损害先用权人利益，也损害了公共利益，还违背了公平原则。先用权制度恰恰维护了公平原则，它通过尽可能地恢复先用权人一定条件下（即先发明人）应有的继续制造和使用发明创造的权利，来纠正因为先申请制原则而使先发明人丧失了对发明创造享有的完整的权利。另外，由于公平原则不仅强调形式公平，更强调实质公平（即结果公平❶），那么对于先用权的继续实施范围及继续实施行为多加限制，显然是有违结果公平原则的。

4.1.2 从诚实信用原则和信赖保护原则考察

诚信原则是1986年的《民法通则》所确立的。自确立以来学术界关于该原则有两种解释，即“语义说”和“一般条款说”。❷“语义说”认为，诚信原则是禁止对参与民事活动者进行任何欺诈和不守信用的行为。“一般条款说”认为，诚信原则具有强制的效力，要求参与民事活动者都必须以诚相待、恪守信用，既是民事活动的准则，又是司法活动的基本依据。在此框架下，当利益双方发生冲突，或者个人利益与公共利益发生冲突时，诚实信用原则是一个重要标准，以此来对照各方的行为是否符合诚实信用原则。诚实信用原则首先要求尊重他人利益，不得损人利己。其次，要正确对待公共利益，如法律赋予专利权人排他性的权利，实质上是以牺牲公共利益为前提，但这种牺牲不是彻底的、永久的，还必须兼顾公共利益。法律上通过设定先用权制度等就是为了兼顾公共利益，当然也照顾到先用权人的利益。

具体到专利先用权，用“语义说”分析，先用权人的在先使用是科技成果的及时应用，是科学技术发展的表现。只要是善意取得的技术，就符合法律规定，也不存在不守信用和任何欺诈行为，即使在专利权存在之后的继续实施也是恪守信用的体现。用“一般条款说”分析，专利权人因专

---

❶ 徐爱国．重新解释侵权行为法的公平责任原则［J］．政治与法律，2003（6）：34.

❷ 杨春华．诚实信用原则的适用条件［J］．河南政法管理干部学院学报，2006（6）：135.

利权而剥夺先用权人的在先使用权利，这对先用权人是不公平的。专利权禁止在后使用是合理的，但禁止在先使用就会给先用权人造成损失。因此，在先使用人的继续实施，不应该受到专利权人的节制。

信赖保护原则是民法总论中的一项基本原则，是诚实信用原则的下位原则，❶ 也是诚实信用原则的客观要求。实际生活中，两个原则几乎同时运用。信任是一个良性社会的灵魂，信任产生力量，信任消除隔阂，信任使社会变得和谐。反之，没有信任，就没有了社会分工，人们凡事都亲力亲为，社会将因此而倒退，甚至瓦解。可见，信赖具有社会属性，是社会生活的基础。依据信赖原则，先用权人在专利权人申请专利之前，实施其专利技术的行为并不违背禁止忤义务。先用权人运用《反不正当竞争法》保护自己的技术秘密，也是合法的。专利权产生后，先用权人继续实施，也符合《专利法》的规定。具体分析，如果先用权人善意取得专利技术、在先实施专利技术都是可以信赖的，那么，先用权人继续实施也是受信赖保护原则支持的。

4.1.3　从劳动财产理论的角度考察

先用权制度的正当性源于财产权制度的正当性。我们可以从洛克劳动财产理论❷中得到解释，即任何人的劳动及其劳动成果都应该得到保护。❸

---

❶ 亓培冰．信赖保护原则在民法体现中的作用［J］．理论前沿，2005（9）：22.

❷ 按照洛克关于财产权的最初取得的经典论述，人之所以对某一物享有财产权，是因为“每一个人对他自己的人身享有一种所有权，除他之外任何人都没有这种权利，他的身体所从事的劳动和他的双手所进行的工作，我们可以说是正当地属于他的。所以只要他使任何东西脱离自然所提供的和那个东西所处的状态，他就已经掺进了他的劳动，在这上面掺加他所有的某些东西，因而使它成为他的财产。”

❸ 伍媛媛．浅析洛克的“财产权”理论［J］．东南大学学报：哲学社会科学版，2008（10）：28.

先用权人在先实施行为是一种劳动的过程，实施的结果是劳动的成果。将这一理论运用到论证先用权的正当性方面是适宜的。在先用权制度下，劳动者是否能得到法律赋予的先用权，是由其付出的劳动是否具有足够的创造性来决定的。

考察先用技术是否具有创造性，我们可以分为两个阶段来讨论：第一阶段，在专利权人申请专利之前，先用技术是以技术秘密的形式存在的，而作为一项技术秘密的首要要求就是具有创造性。第二阶段，在专利权人申请专利以后，技术秘密就变成了专利法所保护的先用技术，而成为先用技术的前提，则是其与专利产品或方法相同，显然具有了创造性的特点。

此外，我们还可以从财产权本身来讨论先用权存在的正当性问题。如上所述，不论是前身技术秘密，还是本身先用技术，都属于知识产权。而知识产权作为一种财产权，是以能带来的社会生活上利益的财货为内容的权利。尽管先用权不可以像专利权作为转让或担保客体的权利，但是先用技术的使用和实施带来了经济利益，也就是说先用权具有经济价值，正如不可否认财产权的正当性，同样不可否认作为一种财产权的先用权的正当性。

4.1.4 从劳动价值理论的角度考察

作为独立完成发明创造的先用权人，其创造性的劳动价值不可忽视。本书通过引用马克思对劳动价值理论的认识观点来分析先用权存在的正当性。

马克思认为劳动价值是一种凝结在商品中的无差别的人类劳动，即抽象劳动所创造的理论。知识产权法旨在对发明创造者的智力劳动成果给予保护，即明确赋予知识创造者以某种专有权，使其对该智力成果享有在一定期限内的独占权。就好似以利益驱动机制刺激智力创造活动持续地进行，从而促进技术进步，并不断地为经济发展提供动力和燃料。作为独立完成发明创造的先用权人，其未选择专利法保护其发明创造，而是在秘密状态下实施，法律是否就不给予保护了呢？显然，回答是否定的。因为先用权人获得的技术，也是通过了辛苦的智力劳动，哪怕是先用权人善意取得的技术，这其中也体现了真正技术发明人智慧的结晶。我们绝不能因为先用权人将其发明创造保密，就认为其投入的创造性劳动比专利权人少，从而约束其先用权的实施。先用技术与专利技术一样，都是凝结在商品中的无差别的人类智力劳动。若法律一味地增加对专利权人的保护时间、扩大保护范围，对专利权人创造思想的激励作用是增强了，但是社会传播的激励作用却逐渐削弱，那么势必降低人类社会公有领域知识的累积速度，无法实现个体发展与社会进步的完美和谐。

另外，还可以从马克思劳动价值理论中“社会必要劳动”和“社会必要劳动时间”进行阐释。这一组范畴独具特色地说明了形成价值的劳动不是一般的劳动，也不是一般的抽象劳动，而是经过市场的选择被证明是社会所需要的、必要的劳动，因此，决定商品价值量的不是普通的劳动时间，而是社会必要劳动时间。现实中，先用权人完成技术设计的必要劳动时间不一定比专利权人少，甚至会更多，那么先用权人的劳动量显然就不小于甚至大于专利权人的劳动量，剥夺先用权人继续实施先用技术的权利是不公平的。另外，专利法中要求先用权人必须在专利权人申请专利前已经从事实施该技术的行为或者为实施该技术做好准备。那么在此情形下，先用权人使用先用技术而获得的产品可能已经进入了市场，并且只有通过了市场的选择，被社会所需要，先用技术才会一直持续被使用，那么在专利权人申请专利后，先用权人继续实施其先用技术被禁止，显然不合情理。

4.1.5 从利益平衡理论的角度考察

知识产权法的价值目标体现为利益平衡。[1] 在先用权的制度设计之中，为了公平起见，主要兼顾的利益是先用权人、专利权人和公共利益。

从先用权人角度考察，如果先用权人是专利技术的独立完成人，享有自己智力劳动成果是无可厚非的，而且此使用不受时间和其他因素的限制。先用权人如果感觉该技术具有不可模仿性，可以选择商业秘密保护。在保护过程中形成的权利——技术秘密权，是先用权人的私权，受到法律保护。从专利权人角度考察，发明人申请专利保护自己的发明创造，也符合《专利法》的规定，由此而产生专利权受到《专利法》保护。

为了鼓励发明，一方面在发明人、先用权人、社会公众中设立专利权，并赋予排他性，虽然对先用权人和公共利益不利，但有利于促进更多的科技人员加入专利申请者的行列；另一方面通过专利申请时的技术公开，虽然对专利权人不利，但可以避免重复研发的浪费，有利于促进技术创新。

设立先用权制度，必须兼顾三方利益。先用权制度的确立，一方面限制了专利权的权能，专利权人的利益受到了一定的影响，但另一方面，承认在先实施的权利存在，势必促进专利技术的应用，还可能刺激专利权人尽快利用对专利技术更为熟悉的优势，在更大范围、更大力度地实施专利技术。强调对先用权保护，也不能不加限制，一方面，允许先用权人继续

---

[1] 杨健．知识产权保护的正当性理论基础探究——法哲学与法经济学视角分析［J］．大庆社会科学，2010（12）：121．转引自：冯晓青．利益平衡论：知识产权法的理论基础［J］．知识产权，2003（6）：17．

实施专利技术，保障先用权人的投资收益，另一方面又要对继续实施作出实施规模的限制，兼顾专利权人的利益。

4.2 专利先用权的独立性

先用权是否具有独立性，一直是理论界和司法界争论的焦点。这一问题的讨论既有助于合理确定先用权成立的条件，又有利于对先用权作出合理的限制。

4.2.1 专利先用权性质的三种观点

关于专利先用权的性质，国内学术和司法界存在三种观点：第一种观点认为，专利先用权是一种独立权利，其早于专利权而独立存在，对专利权不具有依赖性。更重要的是已经掌握了专利技术，即使因为专利权的存在，必须对先用权加以限制，也不能否认其独立属性。第二种观点认为，在先使用不会形成任何权利，仅是一种在先使用行为。此观点否认了行为产生权利的理论。第三种观点是目前的主流观点，认为，专利先用权不是一种独立权利，仅是一种抗辩权，在专利权人提出侵权诉讼时实施。下面将对这几种观点详细加以分析。

（1）独立权利说。

持独立权利观点的学者认为，先用权的产生不依赖于专利权，其技术实施早于专利权的存在。其依据在于：一是从权利本质的角度加以论证。

根据目前理论界的通说，权利的本质应理解为“受法律保障的，在外部世界实施活动（行为）的权能或可能性”❶。德国法学家梅克尔为此特别提倡所谓法力说，认为权利的本质是主体享受特定利益的法律上之力。因此，权利的本质包含两个方面：利益的一面及实施活动受意思支配的一面。享有权利者，既享有权利带来的利益，又享有实现和保持这种利益的意思自由，二者共存，不可偏颇任何一面。由此得出，先用权作为一项与专利权相对的民事权利，其本身就是相对专利权而独立存在的，有其自身的权利范围，并由法律来设定权利边界以谋求与包括专利权在内的其他权利的长期共存。二是我国《宪法》和《民法通则》的相关规定提供了法律依据。我国《宪法》第51条明确规定，“中华人民共和国公民在行使自由和权利的时候，不得损害国家的、社会的、集体的利益和其他公民的合法的自由和权利。”宪法作为国家根本大法为部门法的制定提供了指导。《民法通则》第5条也规定对公民、法人的合法权益给予法律保护，其权益不容侵犯。因此，专利先用权就是一种合法的民事权益，同样是不可侵犯的。三是我国《专利法》第69条第（2）项也规定了先用权人享有先用权。四是我国《专利法》的有关司法解释也规定，先用权可以随同先用权人的企业整体一起转让和继承。五是德国和日本的《专利法》明确规定，先用权人可以在其事业目的范围内扩大实施先用权的规模和范围，并且可以为此在他人的企业中行使先用权，因此先用权人可以依据自己的意思和需要独立支配先用权，并进而享受行使先用权所得的利益。由此可见，抗辩权只能在他人行使请求权时加以援引，而先用权虽然也具有抗辩的功能，但并不单单是一种抗辩权，应当属于独立的权利。

---

❶ ［意］彭梵得．罗马法教科书［M］．黄枫，译．北京：中国政法大学出版社，1992：23.

（2）抗辩权说。

持先用权是一种抗辩权理论的学者认为，先用权作为一种权利不能单独存在，只能依附专利权存在，其本身就是相对于专利权而得名。先用权的存在价值，在于面对专利权人侵权控告时来进行抗辩。由此可见，这一观点对于先用权的存在，不仅认为是有条件而存在的权利，即只有侵权控告前提成立才有先用权，而且先用权的作用具有唯一性，就是为了抗辩专利权人的侵权控告。持这一观点的学者认为，在我国专利法和相关司法解释中之所以并未就先用权的确认程序和机构作出规定，就是因为专利先用权不是一项独立的权利，是与专利权共存共亡的一种抗辩权。这种观点也是目前我国国内理论界和实务界比较占主流的观点。

那么，什么是抗辩权呢？抗辩权是一种功能性的权利。第一个功能是拒绝给付。存在的目的是为了对抗请求权，阻止请求权的行使或发生权利效力，本质上是相对人运用此权利拒绝基于请求权提出的给付权。第二个功能是排除请求。抗辩权具有否定请求权的特性，虽然请求权并非没有根据，但相对人拥有排除请求权的权利。第三个功能，由于抗辩权赋予权利人通过单方面的意思表示就能阻止请求权的实现，因此，抗辩权的行使直接影响到请求权人的利益。另外，抗辩权主要应用在诉讼程序中。可见，相对于独立权利而言，抗辩权是一种不能自由支配的被动权利，其行使的前提是他人请求权要求履行义务，行使的目的是对抗请求权，行使的阶段是诉讼程序中。可见，抗辩权是因请求权而存在，而独立权利并不依赖请求权而存在，由权利人随时随地加以支配并享受其利益。

提出先用权抗辩权利说的依据主要有三点：第一，源于对我国先用权制度的相关规定，从先用权制度条款上看，当专利权人就专利侵权提起诉讼时，在先使用人才有必要援引其先用权，以对抗专利权人关于停止侵害的请求权。如果无人就专利侵权提起诉讼，或者在提出停止侵害请求权之前，先用权并不存在，也没有存在的必要。因此，作为对抗、排斥停止侵害请求权的先用权，其存在的目的单一且明确，仅是专利侵权请求权的抗辩权。第二，先用权随专利权的产生而产生，也随着专利权的消失而不存在，因此，先用权是专利权的附属权利，不可能是一种独立的权利。第三，先用权抗辩权不可以转让。在先使用作为一种人身性的侵权抗辩，通常是不能转让的。作为一种原则，它为中外学者所普遍接受。❶

（3）在先使用行为说。

持此观点的学者否认先用权的存在，既不认可独立权利说，也否认其是一项抗辩权利，仅承认是一种在先使用行为。该行为在功能上类似抗辩权利，也可以在先使用事由对抗专利侵权指控。

该观点认为，我国《专利法》规定，在先使用人的必要准备，在原有范围内使用，都是一种行为，这种在先行为客观上发生在专利申请之前，主观上是一种善意行为，已经足以对抗专利权人的侵权指控。

为了否定先用权是独立权利、抗辩权，持此观点的学者提出：首先，我国立法本意并没有明确表明赋予在先使用人一种独立的权利，因为专利权之外仍然存在先用权，势必与专利权形成对立，从而挫伤发明创造的积极性。❷ 其次，先用权作为一种抗辩权，是需要有实体法或程序法给予支持的，如果没有实体法的明确规定，也没有程序法作出程序认可，抗辩权很难存在。值得关注的是，我国现有《民事诉讼法》无此特别规定，《专利法》第69条也是将关于先用权的规定与专利权用尽、临时过境、科研使用

---

❶ Donald S. Chisum, et al, Principles of Patent Law, Second Edition, Foundation Press, 2001, p. 1201; Lionel Bently and Brad Sherman, Intellectual Property Law, Oxford University Press, 2001, p. 509.

❷ Robert L. Rohrback. Prior user rights: roses or thorns? [J]. University of Baltimore Intellectual property Law Journal, 1993.

等不视为侵犯专利权的行为放在同一款中，因此，只能视为一种侵权行为。

4.2.2 专利先用权独立性的判断及依据

通过分析关于专利先用权性质的三种不同观点，本书更倾向于专利先用权是一种独立权利的观点。在此，本书通过对专利先用权产生背景、概念、构成、功能等方面的深入研究，认为它是早于专利权就产生的，在专利权人申请专利之前以商业秘密专有权的形式存在；❶ 在专利权人申请专利公开了专利技术之后，技术秘密由技术所有人即此时的先用权人公开使用了该技术。因为先用权人的公开使用使得专利权人对其提出侵权诉讼，商业秘密专有权转变为可以对抗专利权的先用权。本书认为，权利的转变不能否认权利的独立存在，而且独立权利兼具了抗辩的功能。理由如下：

（1）先用权的客体早于专利权的客体而独立存在。

和专利权客体一致的在先使用技术，在专利申请前已经独立存在。本书认为在专利权人申请专利之前，先用技术是以技术秘密的形式存在的，此时的先用权是一种独立的商业秘密权。❷ 为了证明此论断，我们首先要了解技术秘密的含义。技术秘密是商业秘密的重要组成部分，它包括有关制造技术、生产工艺、配方、设备、材料等知识和经验，以及有关技术信息，如技术水平、技术潜力、新技术和替代技术的预测、专利动向、新技术影响的预测等。❸ 可见，技术秘密包含在商业秘密中，既可以是某项专利技术

❶ David J. Kappos, Teresa Stanek Rea. United States Patent and Trademark Office [J]. Report on the Prior User Right Defense, 2011: 8-9.

❷ Kyla Harriel. Prior User Rights In A First-To-Invent Patent System: Why Not? [J]. IDEA: The Journal of Law and Technology, 1996.

❸ 贺先周．商业秘密法律保护问题研究［D］．郑州：郑州大学硕士学位论文，2004.

的补充，即所谓的专利说明书下的技术秘密，也可以是独成一体或一整套的技术。由于商业秘密本身的秘密性及权利多主体的属性，因此在有共同主体和多个主体的情况下，就会出现这样的情况，即其中一个主体就技术秘密申请专利，而其他主体仍以商业秘密的形式使用技术并通过销售等方式将产品予以公开，这时，专利权人和先用权之间就会产生冲突。关于专利权和先用权的冲突问题，上文已经给予专门论述，在此着重论述先用权的前身即商业秘密权是一项独立的权利。

商业秘密权是商业秘密的合法所有人采取合理的保密措施，对具有价值的技术信息、经营信息等保密信息依法产生的权利。商业秘密权所保护的商业秘密是智力劳动和物质劳动的产物，是可以给权利人带来经济利益，能够通过转让实现其价值的一种财产权，同时它具有所有权的属性。值得关注的是，目前理论和实务界已经不约而同地认为，商业秘密权具有知识产权性质，而且技术秘密权包含在商业秘密权中。然而有的学者认为商业秘密权不具备传统知识产权的专有性、时间性、地域性等特性，以及商业秘密权与专利权都保护科学技术，共存于财产权体系，但专利权以公开为代价换取对技术信息的独占，如果商业秘密权不需要公开技术信息，这对专利权人来讲仿佛有失公平。❶ 本书认为此观点是错误的，其依据是财产权理论和商业秘密的秘密性要求。首先，财产权理论认为，商业秘密是一种无体财产，与专利、商标、作品相同，都是人类智力活动的结果，具有价值和使用价值，其可以给所有人带来实际或潜在的经济利益和竞争优势。《与贸易有关的知识产权协议》（TRIPS 协议）第 1 条第 2 款也规定，对于本协议，“知识产权”术语包括商业秘密。首次在国际公约中，将商业秘密

❶ R. Bennett. The Trade Secret Owner Versus the Patentee of the Same Invention: A Conflict? [J]. Pat. Off. Soc, 1975 (57).

纳入了知识产权的范围，明确了其私权属性。其次，商业秘密权是权利所有人享有的信息垄断权，与专利权比较，并不以公开为代价，但是，是否因为对商业秘密的使用而丧失这一权利，是大家所关注的问题。最后，无论商业秘密如何存在、存在多长时间，技术秘密权作为先用权的前身是独立存在的一项权利。

（2）专利先用权作为独立权利的合理性。

首先，对先用权独立权利性质说持否定观点的部分学者认为，目前有关先用权是一项独立权利的理论依据只有法力说，而自从罗马法上使用权利概念至今，权利的解释有若干种，如自由说、利益说、资格说、主张说、选择说、法力说、全能说等，从一种学说来论证先用权的权利属性是不够全面的。其实，关于权利定义的各种观点、具体含义在理论界并未达成共识，正如有位大家把权利比作“万花筒”，从不同角度看到的是不同的画面。显然，权利概念本身存在诸多观点，而各种观点都是在具有基本共性的前提下，而又各自给出独特见解，也即是以上各观点中的一种为中心，以其他观点的要素为内容给权利下了一个定义。法力说侧重强调权利的本质是实现利益，同时如何实现利益可以意思自由。该学说是被学界承认的观点之一，依据其来论证先用权的独立权利性质是否恰当合理，问题在于为自身利益权利人的主张是不是正当的。评价正当性，依据是多元化的，如民族习俗、道德规范、法律法规等。以上谈到的学说都是运用从法律法规来评价其正当性的。同样，证明先用权独立权利性质的合理性，也是要以法律权威来评价、保障，即以法律依据为支撑。

其次，一项权利能否成为现实性的权利，关键要看权利人对利益的要求是否正当。如果正当，就会得到其他社会成员的认可，否则，将不被尊重。如果权利人所主张的利益不具有正当性，权利的实现是不可能的。因此，权利具有正当性，要求所有社会成员在利益正当性上能够达成共识，这就要求各方利益尽量达到平衡状态。

再次，还有学者就先用权内容中不包括许可使用权以否定专利先用权是一项独立权利。尽管先用权不能许可使用和转让，但法律保护先用权随企业整体转让和继承的行为。对于一些学者借此质疑先用权的独立性质，本书认为，转让并非权利独立的必要前提，法律之所以规定先用权须连同其所属企业一并转让，是为了防止先用权的无限扩大会给专利权人的利益造成损害。[1] 本书认为，法律的许可虽然是权利存在的必要条件，但并不是充分条件；即使是一项法律许可的权利，也仅是法律意义上的权利，只有转化为现实中人们实际享有的权利才真正有价值，才是真实和完整的权利，也才能真正还原人性需求。反之，空有纸上权利是不足以对现实产生作用的，充其量也只能体现法制的书面进步。[2] 因而，以此来否定先用权的独立权能显然是不合理的。

最后，根据荷兰、日本的主动、被动确认专利先用权的法律规定，本书也建议我国采用主动确认和被动确认相结合的方式，可以由在先使用人申请，提前确认先用权人。

（3）对先用权的限制不否定其独立属性。

为了保护专利权人利益，法律规定对专利先用权的实施进行合理的限制，这并非否定先用权的独立存在。虽然《专利法》第 69 条第（2）项对专利先用权的行使给予了一定的限制，即对专利先用权的独立权能进行了限制，是完全符合衡平原则的。因为在“原有范围”内的继续生产及先用

---

❶ 王保民，张峣．我国专利先用权制度实施的困境与立法完善［J］．知识产权，2013（8）：59-65.

❷ 胡益红，等．权利概念新论——与方孔先生商榷［J］．十堰职业技术学院学报，2009（3）：32-35.

权可随同企业整体一起转让和继承，都是先用权人的权利体现。尽管有的学者因为先用权需和企业一并转移而对其独立性质提出质疑，但本书认为，部分学者所坚持的独立权利必须可以独立转让的观点是对先用权独立权能的一种误解。权利成其为权利应该具有“独立”成为权利的能力，而并非一定要求可转让，比如人格权就是典型的不可转让但又独立的权利。我们不能简单地以权利是否具有可转让性作为认定权利独立性的标准，而是应该着重考察其是相对“独立”于其他权利的，即具有独立存在的法律属性，此是法律关系中其他任何内容所不能涵盖的。

对于专利先用权的限制，在我国包括条件限制、实施限制、权利范围限制和实施范围限制等，如规定先用权只能在“原有范围”内继续使用，“原有范围”就是限制的体现。在世界范围内，各国关于专利先用权限制的规定不同，如德国和日本的专利法均规定，先用权人可以在其事业目的范围内扩大实施先用权的规模和范围，并且可以为此在他人的企业中实施专利技术，甚至少数国家对先用权的转让都不加以任何限制。虽然规定了先用权的限制，但并没影响对专利先用权的独立性质的肯定。

（4）专利先用权是法律意义上的独立权利。

有学者借专利法没有对先用权的权利性质进行明确，就否认专利先用权的独立权利属性。本书认为，这种观点不够全面，仅从实证的角度进行分析有些片面。张文显先生认为，把权利绝对限定于实证法律规范之内是不可取的，权利是或明确或隐含在法律规范中的手段，可以帮助法律关系中的主体以一定方式获得利益❶。如果我们研究权利时仅从实证法的规定出发，或者只通过立法纲领、法律原则进行探讨，一定不符合我国的法治精神。因为几乎在任何国家，权利既表现在各项法律条文中，也包括在依据

❶ 张文显．法理学［M］．北京：法律出版社，2004：97.

法律精神逻辑推定出来的权利，即推定权利。法定权利并非权利的全部，只是权利的主要形式。

可见，就专利先用权而言，我们不能因为在法条上找不到关于独立属性的记载，或者仅仅从文字逻辑上难以推论出先用权，就否认先用权的独立存在。我们考察先用权制度，制度中或明或隐的意思是先用权构成、在一定范围内实施、一定方式转让该技术并因此获益，其实质就是赋予了先用权人在一定范围内独立支配并获益的权利。同时，从世界范围内考察，有的国家立法中直接赋予了先用权人独立权利，如《日本专利法》中的"先用权确认诉讼"，通过"确认诉讼"十分明确地规定了享有先用权的主体、允许实施的范围等，使先用权人在实施先用权时有所遵循，于法有据，避免了侵权诉讼行为、诉讼程序等的发生。总之，"先用权确认诉讼"的作用类似于"先用权证"，依法界定了先用权的权能，同时也证明，先用权并不是必须只有当专利权人提起侵权诉讼时才能主张的。

（5）专利先用权不是抗辩权。

首先，什么是抗辩？抗辩是一种行为，或者说是某项权利的功能，区别于抗辩权，抗辩一般是基于一定事实所进行，在权利抗辩中通常有权利障碍抗辩和权利毁灭抗辩。[1] 事实抗辩是债务人基于特殊事实存在，提出原告请求的权利不能产生，或原告请求的权利已经消灭。权利障碍抗辩是指债务人通过事实抗辩使原告请求权不能产生；权利毁灭抗辩是债务人通过事实抗辩使原告请求权消灭。其次，抗辩权是法律赋予的一种权利，通过行使抗辩权可以使原告请求权的效力难以存在或被排除。[2] 但是，请求权的

---

[1] 柳经纬，尹腊梅．民法上的抗辩与抗辩权［J］．厦门大学学报：哲学社会科学版，2007（2）：90．

[2] 杨立新，刘宗胜．论抗辩与抗辩权［J］．河北法学，2004（10）：6-10．

合法性并非抗辩权所能否认的。

我们考察先用权，面对专利权人提出的侵权控告，先用权人一定直接否认专利权人的请求，也否认自己侵权，此时，先用权人启动了抗辩的功能，本身不是抗辩权。从狭义角度看，民法中的抗辩权就是针对他人行使请求权而进行对抗的权利。可见，抗辩权是以原告请求权的存在为前提，是以一种对抗性的权利而存在的。抗辩仅是一种方式，是对抗的工具。由此，本书认为，先用权作为一项权利不应该也不能成为抗辩权，它和抗辩权一样都是法律赋予的一项权利，是单独存在的，而且其单独存在与抗辩专利权人的侵权控告并不矛盾。

（6）先用权是先用权人的“专用权”。

关于“专用权”定义，目前只有商标专用权的定义，是指通过申请注册和商标主管机关审核通过，商标所有人依法对其获得的注册商标享有的专用权。[1] 商标注册人依法对注册商标的支配权包括排他使用权、收益权、处分权、续展权和禁止他人侵害的权利。商标专用权是一项不依赖于任何权利而独立存在的。在此，本书通过对先用权的产生背景、概念、特点、作用等的考察，认为专利先用权可以认定为是一种专用权，虽然类似商标专用权，但也有所区别。商标专用权是受到商标法完整保护的，只是注册的目的是为了使用，才称之为专用权。专利先用权也是专用权，但先用权人仅拥有使用的权利，不具有许可使用和转让的权利。同时这一先用权并不能受到专利法的完整保护。

先用权的专用权，或者说先用权的专有性主要体现在：一是专有性的前提是先用权具有独立性，在专利权产生之前已经独立存在了。二是先用权与专利权具有客体一致性，都是相同的专利技术，专利权人享有专有权，

[1] 彭学龙．商标显著性传统理论评析［J］．电子知识产权，2006（2）：69.

具有排他性、垄断性，不仅具有制造权、销售权、使用权、进口权等，而且有许可使用、转让的决定权，还有使用专利证号的标识权，但先用权人仅仅是一种专用、免责的权利，即使是同一技术，专利权人可以在产品包装上标识“专利产品”，先用权人却不能。三是抗辩效力是先用权专用性的体现。四是专用性受到一定的限制，需要依法按照原有范围规定进行实施。五是所谓专用，既是指先用权人专用，排斥非先用权人使用，否则构成违法，又是广义的使用，即先用权人不仅享有制造、使用的专用权，而且还派生出对专利产品进行许诺销售、销售的权利。若先用权人专用的先用技术无法进入市场，转化为生产力，具有商业价值，那么法律本身所赋予的先用权概念将失去意义。六是先用权人享有该专用权的权利内容，应严格按照专利行政主管部门颁发的先用权证中所记载的事项为准。关于先用权证的相关内容，本书将在第六章详细论述。

综上所述，本书认为先用权是一种仅供先用权人专用的独立权利。虽然在实践中先用权体现抗辩功能的场合较多，但它是一种独立权利的界定是毋庸置疑的。

4.3　专利先用权的实施性

专利先用权不是指拥有某项专利技术就可以享有的权利，而是以在先实施为前提，因此，先用权是一种纯实施性的权利。其一，先行实施是先用权产生的前提条件。专利在我国并不要求马上实施，仅仅是一个具有可实施性的技术方案。但是，专利先用权则不然，仅仅掌握了一个没有申请专利的技术方案，不能享有先用权，而且等专利权授予后再行实施就构成了专利侵权。只有在申请专利前已经实施或正在实施，才可以获得先用权，才可以继续实施而不视为侵犯专利权。由此可见，在先实施是获得先用权的前提条件。其二，继续实施又是获得先用权的目的，如果不是为了继续实施，就失去了先用权的意义。其三，法律之所以保护先用权，也是因为存在先行实施的事实。在先实施中实施人已经投入了大量人力、物力和财力，形成了在先实施的行为及其需要保护的权利。据大陆法系观点，自然权利是精神权利存在的基础，任何人对自己的劳动成果都享有绝对的权利，在先完成发明即使没有申请专利，仍然应该对自己的技术成果享有权利。这一观点，既符合天赋人权的法则，也是民法公平原则的体现。其四，对先用权的限制也主要体现在对实施范围的限制。在先实施的存在满足了先用权产生的条件，先用权人就可以继续实施在先使用的专利技术，但继续使用不是无节制的使用，必然要受到专利权的制约，即只能在“原有范围”内继续实施。总之，实施性贯穿先用权的成立和行使的始终，因此先用权具有明确的实施性，换句话说，先用权就是一种纯实施性的权利。

4.4 小　结

本部分首先从公平原则、诚实信用和信赖保护原则、劳动财产理论、利益平衡理论四个方面来阐述专利先用权存在的正当性。其次，对专利先用权具体性质进行了分析，在对国内现有的三种不同观点，即抗辩权、独立权利、在先使用行为进行分析的基础上，从先用权早于专利权存在、先用权独立属性的合理性、先用权的限制不能否定其独立属性、先用权是专利法意义上的独立权利、先用权不是抗辩权、先用权是一种专用权等六个方面论证了先用权的独立性。通过明确认定先用权的独立权利性质，为下文专利先用权相关法律规定的完善提供了重要的理论依据。毕竟专利先用权的法律规定中涉及很多“度”的把握问题，究竟是以质化的眼光看待先用权的继续发展，还是以量化的眼光来桎梏先用权的继续发展，先用权的性质问题起到至关重要的作用。最后，本书认为先用权是一种纯实施性的权利，其实施性贯穿先用权产生和行使的始终。

5

专利先用权与相关权利的比较

专利先用权虽然是一项独立权利，但是还存在一些与专利先用权相关的权利。一方面这些权利与先用权具有相关性，其概念、权利性质、权利内容等都容易与先用权产生混淆；另一方面，先用权具有哪些特点，也是先用权理论的研究重点。在此，本书通过比较专利先用权与相关权利之间的区别与联系，揭示先用权的特点。

5.1 专利先用权与在先权的比较

在先权与专利先用权同为知识产权制度中的两个具体权利，从字面上看颇为相似。先用权也是在他人申请并获得专利权之前就享有的实施该技术的一种“权利”，因此，从形式上看似乎与在先权是共通的，都是为了尊重在先的“权利”。然而，本质上却存在显著差别。

5.1.1 专利先用权和在先权的法律规定

（1）我国法律的规定。

专利先用权在我国《专利法》第69条第（2）项中有所规定。广义的在先权在民法中是与在后权相对应的一项权利。我国《商标法》第9条第1款中规定：他人在先取得的合法权利，申请注册的商标不得与之冲突。第32条规定：申请注册商标不能损害他人现有的在先权利，也不得以不正当手段抢注他人已经使用并有一定商誉的商标。根据我国《专利法》规定：一是保护外观设计专利申请前的合法权利，要求授予专利权时不得与之冲突。二是人民法院在处理权利冲突的侵权案件时，应当保护在先存在的合法权利，以维护当事人的合法权益不受损失。三是就在先取得的合法权益，《专利法》第23条对在先权利进行了界定。依据《最高人民法院关于审理专利纠纷案件适用法律问题的若干规定》第15条、第16条，在先权利包括：商标权、著作权、商号权、肖像权、商品包装形成的权利或者装潢使用权等。

（2）国际条约的规定。

《保护工业产权巴黎公约》规定，“申请注册的商标不得侵犯被请求保护的国家中第三人的既得权利，否则，不予核准注册，已核准注册的应予以撤销。”[1]《与贸易有关的知识产权协议》（TRIPS协议）规定，“商标权

---

[1] 《保护工业产权巴黎公约》第6条之5第2款规定。

不得损害任何已有的在先权。”❶《欧洲共同体商标条例》规定，“在商标侵权纠纷的处理过程中，如果使用商标侵犯了在先形成的名称权、肖像权、著作权和工业产权等，可以通过国内法予以禁止”❷。另外，法国、德国、美国、日本、意大利等国家，也对在先权给予了规定。

从法条中不难看出，专利先用权作为对专利权的一种限制，即使专利权存在，也有权继续实施，不需要专利权人的许可，同时可以抗辩专利权人的侵权诉讼。而在先权是相对于在后权存在的一种权利，它是特定权利人的原权利。在先权利在受到在后权利的侵害或存在受到侵害的现实危险时，基于法律的直接规定而享有的保护个人利益的权利，在先权具有时间上的相对在先性，权利客体的相同或相似性，权利内容的私权性等特点。

5.1.2 专利先用权与在先权的异同

专利先用权和在先权的相同之处体现在：第一，时间上都要求在先产生。专利先用权要求产生在专利权人申请专利之前，亦即是早于专利权人取得专利权客体；在先权相对于在后权，是因时间或程序在先而获得的权利。第二，权利都具有合法性。先用权在满足了时间、实施行为、实施范围等条件下即成为合法存在的权利。在先权也是法律所赋予的权利，是法律意义上的权利。第三，都是独立存在的权利。关于先用权的性质，不少学者认为其是用于对抗专利侵权诉讼的抗辩权，是依赖专利权而存在的。其实不然，早在专利权客体产生之前，先用权的客体已经存在，只不过那时它是受商业秘密法保护的商业秘密专有权。当专利权人提起侵权损害赔

❶ 《与贸易有关的知识产权协议》第 16 条第 1 款。

❷ 《欧洲共同体商标条例》第 52 条“无效的相对理由”中第 2 款。

偿时，这时商业秘密专有权就变成了先用权，用以对抗专利权人提起的诉讼。而在先权本身就是特定权利人的原权利，是本来就已存在的权利，只是在遭受在后权侵害时，它便以相对于在后权的在先权的名称出现。第四，都具有被动性的特点。如上所说，先用权是先用权人为了对抗专利权人提出的侵权诉讼，而以先用权的形式予以对抗。在先权是遭受到在后权利的侵害或存在受到侵害的现实危险时，而基于法律的直接规定来保护在先权利人的利益。

专利先用权和在先权的不同之处体现在：第一，客体“相同”程度要求有所不同。专利先用权中严格要求，先用权人制造或使用了与专利产品相同的产品或方法。而在先权则要求在后权与其共同指向了相同或相似的客体。第二，权利内容包含的范围不同。专利先用权只包括专利法中所规定的发明创造，即发明、实用新型和外观设计。在先权包括的范围相当广泛，如版权、外观设计、商号权、商标权、包装和装潢权、肖像权、地理标志权、域名权等。可见在先权利主要来自知识产权领域和人身权领域。❶由此可知，在先权的范围并不是包含一种或几种具体的权利，而是一类权利的集合体，并且随着社会的发展，在先权的范围还会随之扩大。第三，法律对于权利保护的程度不同。对于专利先用权来说，在发明创造人申请专利之前，该权利是以商业秘密权的形式存在，由反不正当竞争法加以保护；在专利申请成功获得专利权后，商业秘密权转化为先用权，由专利法予以保护。然而，先用权的存在是以满足一定的限制性条件为前提的，因此是不彻底、不完整的保护。对于在先存在的商标权、著作权、企业名称权、肖像权等，是受到法律的完整保护的，不存在保护的条件。当在后权利出现时，将受到在先权利的完全排斥，任何侵犯都不被允许。由此可见，

❶ 郑燕．商标权领域的在先权保护研究［D］．厦门：厦门大学硕士学位论文，2008.

对在先权存在的情况下，法律更侧重于保护“在先权利”。对于专利先用权而言，法律则重在保护作为“后权利”的专利权。这是两种不同的制度设计。如此规定主要出于利益平衡的考虑，针对存在先用权的专利权，之所以注重对专利权的保护，主要是维护专利先申请制度的严肃性和专利制度的权威性，尤其是发明人申请专利的积极性。进一步讨论，作出这样的制度安排，还因为存在这样一个客观事实：技术的发明者本身具有天然的保密欲望和独用其技术的冲动，而大部分技术会对经济发展有推动作用，甚至对社会进步有着大的影响。从国家利益考量，为了防止发明者保密和永久地独自使用，也为了鼓励发明人及时申请专利，才有了先申请制，也有了先用权制度的产生。在先权中的在先商标权、在先著作权、在先企业名称权、在先肖像权等，多数是已经依法注册或登记而取得了法律的完整保护，如商标权和企业名称权；少数是因为创作者的成果只有公开才有效果，如著作权；个别在先权是因为对社会进步的影响不大，如肖像权。可见，对于上述在先权利，因为不影响公共利益，又因鼓励创新，法律明确要求给予完整保护，不允许在后权利侵犯在先权利。同时，也符合公法上关于通过对个人利益的最小限制，实现公共利益的最大化。

综上所述，先用权和在先权是两个不同制度下的权利。尽管二者都是独立权利，都不依赖于其他权利而存在，但是因为在先权是一项在先符合法定程序，在先具有法律效力的权利，因此，法律给予了完整意义上的保护。而先用权原本是以技术秘密权形式存在的，因为它不选择或迟于选择专利保护，被其他专利申请人占了专利申请程序上的先机，并最终因为专利权人专利权的授予而被给予继续实施的限制性权利，因此体现为法律对它最基本利益的保护，即允许继续实施应用。

5.2 专利先用权与商标先用权的比较

知识产权内容中关于先用权的规定，目前只有专利先用权和商标先用权。为了更准确地认定专利先用权的属性以及特性，有必要将上述两个先用权进行对比研究。

5.2.1 我国关于商标先用权的规定

我国在2002年《商标法实施条例》中认可了服务商标在特定情况下的在先使用权："连续使用至1993年7月1日的服务商标，与他人在相同或者类似的服务上已注册的服务商标相同或者近似的，可以继续使用；但是，1993年7月1日后中断使用三年以上的，不得继续使用。"❶ 1994年《国家工商行政管理局关于服务商标继续使用问题的通知》❷ 第3条曾规定保护在先使用的服务商标，但对在先使用人进行了必要限制：一是该服务商标的继续使用限制在原有使用地域；二是继续使用不得突破该服务商标的原有服务项目；三是维持原使用的服务商标的图形、文字、色彩、结构等，必要的话可以增加元素，但必须是为了与注册商标相区别；四是在先使用的商标仅仅是实施权，不包括对该服务商标的许可使用和转让。一旦违反，就视为侵犯了他人的商标专用权。同时规定，商标先用权人对在先使用的

❶ 《商标法实施条例》第54条。

❷ 该通知目前已失效。——编辑注

服务商标继续使用过程中，如果出现连续3年停止使用，在先使月人不能再继续使用。为了保护商标权人利益，法律特别规定，先用权人与注册人在商标使用中，如果发生混淆，造成消费者难以辨认的，先用权人在服务商标的实际使用时应增加地理名称，以利于辨认，避免混淆。

2013年《商标法》在原第15条中增加了一款，即赋予在先商标使用人对基于合同或业务关系获知其已在先使用的商标，而就该未注册商标在同种或类似商品上申请商标注册的，可提出异议，并最终不予以注册。可见，关于商标先用权内容的规定已不限制于服务商标。

5.2.2 国际条约对商标先用权的保护规定

《保护工业产权巴黎公约》对商标先用权保护也作出了规定。首先，相对于某商标的在先使用权人，在某商标存在的有效期内，享有在先使用的权利。其次，《保护工业产权巴黎公约》第11条规定，对参加国际展览、展销会的商品商标给予临时保护，禁止第三方以展品的商标申请商标权。其三，参加国际商品展销会的商品商标在申请注册时享有优先权，优先权日就是展销日。[1] 另外，英国、澳大利亚、意大利、德国、日本等国家也在其相应法律法规中对商标先用权加以规定。

5.2.3 商标先用权及其成立条件

仅从法条中不难看出，专利先用权和商标先用权都存在时间上的在先性，并且只有在符合一定的条件下，二者的先用权才能合法存在。以下将

---

[1] 杨红军，等．论商标先用权及我国相关制度之完善［J］．特区经济，2006（6）：36.

对商标先用权的概念和成立条件加以论述，以便很好地与专利先用权进行区分。

商标先用权是指在商标权人注册商标的申请日之前，在注册商标的商品或服务上，在先使用人已经善意并且连续地一直使用相同或者近似的商标，允许在先使用人继续在原商品或者服务上使用该商标，而不构成侵犯注册商标专有权。[1] 这种不视为侵权的继续使用的权利就是商标先用权。

和专利先用权一样，商标先用权也有其成立的条件。

第一，对未注册商标的使用必须先于注册商标的注册日，这是对商标先用权成立的时间要求。在先使用的商标，必须在具体商品和服务上进行实质使用，并在使用中逐步赢得了商誉。这一商誉的高低一般与使用时间的长短成正比例关系还与商标先用权存在依存关系。[2] 关于“在先”的时间界限，大陆法系国家一般规定是在后注册申请日；英美法系国家通常认定为获准注册日或注册商标公告日，如《美国法典》第 15 编第 1115 第 2 款第（5）项规定：“在商标注册公告发布之日前，如果当事人一直持续使用该商标的，可以在该范围内继续使用。”[3]

第二，在先使用具有正当性。其正当性表现在：一方面在先使用者的目的并非不正当竞争，不侵犯他人在先权利；另一方面对他人注册了自己使用的商标，在先使用者并不知情。英国、日本和我国台湾地区的规定都支持此条件下的在先使用者继续使用。

第三，在先使用须为持续性使用。此为各国商标法的共性规定，而且，对注册商标也是同样要求。我国《商标法》第 49 条规定，连续 3 年停止使

---

[1] 曾陈明汝．商标法原理［M］．北京：中国人民大学出版社，2003：156.

[2] 张峣．商标先用权保护探讨［J］．知识产权，2014（2）：64.

[3] Mark P. Mckenma, The Normative Foundation of Trademark Law［J］. TMR Vol. 2007（97）：1133.

用的注册商标，商标局有权责令限期改正或者予以撤销。可见，注册商标的存在必须满足连续使用的要求。商标先用权要获得法律保护，也应该在使用上保持持续性。

第四，与注册商标的使用范围相类似。除了驰名商标，未经商标权人同意，他人不得在相同或类似的商品或服务上使用注册商标或者与注册商标或近似的标志。但是，禁止的对象如果是在先使用人，则依照商标先用权制度处理，即视为不侵权。

第五，对注册商标的抗辩性。商标法赋予了商标权人专有权和禁止他人擅自使用的权利，即如果他人在相同或类似的商品或服务上使用与注册商标相同或近似的标志，商标权人可以依法维护其权利。但是，商标先用人的使用被商标权人禁止使用时，先用人就可以提出商标先用权抗辩。

5.2.4 专利先用权与商标先用权的异同

通过对商标先用权概念及构成要件的分析，并将之与专利先用权内容相比较，总结出二者的异同。

专利先用权与商标先用权的相同之处体现在：

第一，在先之时间上的规定一致。专利先用权要求发生在专利申请之日前，商标先用权也要求发生在注册商标的申请日之前。

第二，两个权利都要求具有不中断实施或不间断使用的事实。专利先用权必须存在持续实施其先用技术的状态；商标先用权要求在先使用人对该商标没有间断使用，即先用权人在他人申请商标注册之前，一直对该商标进行连续的实际使用。如果中断使用，又提不出正当理由的，不得再继

续使用该商标。❶

第三，符合公平原则和诚实信用原则的要求。专利先用权制度的设计，一个很重要的依据就是公平原则，先用权人已经形成实施先用技术的事实，如果不给予法律保护，就有违公平原则。先用权人独立开发或善意取得先用技术，要符合诚实、信用原则，可以在原有范围内继续实施。法律保护的在先商标使用权，同样体现了民法中的公平原则。无论是注册商标，还是已经使用的未注册商标，不仅是智力劳动的成果，也都在发挥区别商品、区别生产经营者的作用。对于消费者而言，商标是否注册并不重要，他们更看重的是该商标所代表的商品的质量。商品质量好，商标商誉就高，即使没有注册，也是可信赖的商标。商标不仅具有区别功能，而且承载一定的企业声誉，体现了使用者财产属性，因此，对在先使用的商标，即使不是注册商标，法律也应该给予保护。在坚持注册原则的同时，也不可忽视公平原则和诚实信用原则，科学平衡商标权人和在先使用人之间的利益关系。

第四，先用权适用的范围相同。专利先用权严格规定先用权人有权继续制造相同产品或使用相同方法，并且仅在原有范围内继续制造使用。商标先用权所适用的范围仅限于原来使用的商品或服务上，不得扩大到类似的商品或服务上。其原因在于法律提供保护的只是商标先用人的既存状态，也是商标注册“推定通知”效力的体现。❷ 必须以在先使用的商品或者服务为限，不能够通过任何形式扩大所使用的范围，否则，如果任意扩大到其他的商品或服务上，将与商标先用权的立法意图不符。

第五，都不具有许可使用权和转让权，即不得许可第三人使用或转让

---

❶ 黄晖．商标法［M］．北京：法律出版社，2004：164.

❷ 李雨峰，等．寻求公平与秩序：商标法上的共存制度研究［J］．知识产权，2012（6）：48.

他人使用。在此，专利先用权和商标先用权都对使用人的数量作出了严格要求作为对先用权的限制，旨在许可先用权存在的前提下最大限度保护专利权人和注册商标权人的利益。

第六，针对专利权人和商标权人的侵权指控，都可以先用权提出抗辩，而免除责任的承担。

专利先用权与商标先用权的区别体现在：

第一，专利先用权和商标先用权所适用的法律不同。专利先用权受专利法调整，商标先用权受商标法调整。

第二，先用权的地域范围不同。在一国地域范围内，专利先用权实施一般不受地域范围限制；商标先用权的实施一般存在地域限制。

第三，在使用时间限制上，专利先用权严于商标先用权。根据我国商标法规定，商标先用权人继续使用的服务商标，其停止使用的时间仅限于3年，达到3年即停止继续使用。专利先用权的规定更严格，只要中断使用，就不能享有先用权。虽然法律上对专利先用权使用时间中断仅是原则规定，但毕竟是先用权构成的条件。

第四，商标先用权人与商标权人同时使用中，先用权人的使用地位低于商标权人。如在服务商标实际使用中，出现商标混淆、难以辨认问题时，法律要求商标权人正常使用，先用权人需要在原商标上增加区别性标志，如增加地理标志。专利先用权没有此规定。

第五，产生的制度背景有所不同。专利先用权制度的产生目的和作用都十分明确，是采用专利先申请制的国家普遍实施的一项制度。由于专利先用权制度可以保护先用权人的利益，减少因后申请人申请并获得了专利权而导致先用权人不得使用其先用技术而带来的损失，同时还具有提高不申请专利而以商业秘密法对其发明创造予以保护的公司的职员的技术开发的积极性。长期实行先发明制的美国也意识到了这一点，在 2012 年施行的《美国专利法》中确认了专利先用权，规定了适用的法律。推行商标先用权制度，主要针对实行商标注册制的国家，为了保护在先商标使用人利益，或者为了保护在先使用未注册商标在使用中形成的商誉。但对于实施商标使用主义的国家不适用，如美国以使用取得商标权，除了联邦注册者外，对于在两个不同地理区域的使用人使用相同或近似的商标于同一或同类商品之上，并不构成混淆情事者，不适用商标先用权制度。

第六，保护的内容不同。专利先用权是保护先用权人先用技术的价值和先用权人的应得利益；商标先用权则是保护先用商标所蕴含的商誉、影响力或者号召力。因为“商标法的本质在于保护已有的市场信用（使用产生专用权的制度更多倾向于这个方面）或者促成市场信用（注册产生专用权的制度更多倾向于这个方面）的形成以及发展。❶”而商标先用权可以对先用权利对象的市场信誉进行保护，避免注册申请人利用这种信誉迅速推销商标或服务，规范商品或服务市场的竞争秩序，防止搭便车行为。❷

通过以上的分析可以看出，商标先用权和专利先用权是功能相同的两项权利，二者都是为了防止由于对专利权、商标权过度保护而导致的垄断。它们分别对专利权、商标权具有一定的限制作用，在很好平衡了专利权人与专利先用权人、商标权人与商标先用权人的利益的同时，弥补了专利先申请制度和商标注册制度的不足。

但是相比专利先用权的在先实施应用，商标先用权更注重先用而带来的商誉。《商标法》赋予服务商标满足一定条件的继续使用先用权，赋予驰名商标在先使用不注册也排斥后来相同或类似商标的注册，而对于在先使

❶ 郑其斌．论商标权的本质［M］．北京：人民法院出版社，2009：125-126.

❷ 韩景峰．商标法中在先权利的法理分析［J］．知识产权，2012（10）：38.

用但不具有一定影响的商标未规定其享有先用权。这是因为商标本身就是商品或服务的标志，如同“见名如见人”，当在先使用的商标已经在市场上具有一定的影响力，拥有一定客户群体时，若后商标人申请并获得商标注册，那么商标先用人可以继续使用该商标。但当在先使用的商标未在市场中形成商誉，未给商品带来品牌效应，那么在其他人就此商标申请注册并获得该商标后，此时的商标先用人其先用权利将没有存在的必要，因为既然该商标没有客户群，那么更换其他商标即可。

专利先用权则与商标先用权不同，专利先用权要求在先实施或起码是做了实施的必要准备，此时专利先用权已经进行了制造、使用，甚至是销售，不但已有在先投资，而且根据市场的需求专利先用产品也都是从小规模到大规模生产，另外，由于先用技术与专利技术相等同的优越性，未来市场将会很乐观。因此不能因为专利权人的出现，而就剥夺专利先用权人继续实施的权利。

5.3 专利先用权与公知技术抗辩、专利权宣告无效请求权的比较

专利先用权与公知技术抗辩、专利宣告无效的请求权都是对抗专利权人侵权诉讼的权利。对专利权人而言，当发现专利侵权时，专利权人既可以直接致函侵权人停止侵权，协商解决侵权问题，也可以通过专利行政机关调解，还可以通过司法程序解决；而面对专利权人的指控，被告自我救济的多条出路也可以选择，如通过先用权抗辩、公知技术抗辩、专利权无

效抗辩等方式对抗侵权控告，依法保护自身权利。

5.3.1 公知技术抗辩解析

（1）各国规定的公知技术抗辩。

公知技术抗辩的理论由德国首先提出来的。早在19世纪，《德国专利法》就作出规定，赋予任意非专利人有权利就已经获准的专利提起无效请求，但应在自授予专利权公告之日起5年内。如果自授权之日起满5年，没有人提出专利无效的请求，那么，国家专利机关不再接受专利无效请求，即使该专利确实存在瑕疵。进一步理解，专利授权满5年，对抗专利权人的侵权诉讼抗辩不能再选择专利无效的手段。这一时间限制显然是不合理的，1941年，德国在专利法修改时取消了请求专利无效的时间限制。我国《专利法》就借鉴了这一不受时间限制的专利无效请求，规定任何人、任何时间都可以就某一项专利提出无效宣告的请求。

日本法院虽然接受公知技术抗辩的事实，但是《日本专利法》并没有就现有技术抗辩作出明确规定。有一个案例可以佐证，在2000年4月11日，日本最高法院在Kilby第275号专利侵权案件判决书中写道，在司法程序中，法院不支持用专利无效手段对抗专利权人，涉案专利是否无效，需要通过专利无效程序。公知技术只是导致涉案专利无效的原因之一。在诉讼过程中，如果法院确认涉案专利的瑕疵明显，有权直接追究原告滥用专利权。

“我们怎么会侵犯专利权呢？我们现在所做的事就是多年来人们一直在

做的事”[1]。此为美国专利界的一句箴言，其含义就是指“现有技术抗辩”。《美国专利法》第102条（a）款规定：现有技术是指被主张权利的发明创造在其有效申请日之前，因他人已经获得专利、出版商的发表和以产品使用或销售等方式为公众所知的技术。《美国专利法》第102条（b）款规定：申请人在其申请日之前一年内所作出的披露不属于现有技术。通过以上的规定可知美国专利法将现有技术限制于公众可以得到的技术，一旦产品被生产出或被销售给公众，或被内含于其他技术中，则因丧失新颖性而成为现有技术，不能再被其他人申请专利；但处于保密状态下的使用和销售、对私人团体的示范性展示性使用则不属于现有技术。另外，在私人业务往来中主体使用的涉及一定技术的器械和工具，由于在加工过程中被消耗掉，因而未被公众知晓该器械和工具中所涉及的方法和技术也不是现有技术。

美国学者认为，在先使用的技术分为三种：公知性公开使用、秘密性隐秘使用和非公知性公开使用。其中，秘密性隐秘使用和非公知性公开使用作为商业秘密的两种不同使用方式，其区别在于：秘密性隐秘使用的技术不属于现有技术，与之相关的诉讼常常以在先秘密使用人提出先用权抗辩而免除侵权责任告终；非公知性公开使用中的技术属于现有技术，在诉讼中常常以在先公开使用了该专利技术，而由被专利权人指控侵权的被告提出专利无效告终。从美国学术界对在先使用的三种技术类型的阐述，可以看出美国先用权制度和美国专利法规定的现有技术存在衔接。

为了更好地理解二者的联系，以下对公知性公开使用、隐秘性秘密使用和非公知性公开使用作以概要式阐述。

[1] Chris Ryan. Practicing the Prior Art Is Not a Defense［EB/OL］.［2013-09-12］. http://news.cnet.com/8301-13796-3-9894563-79.html.

首先，公知性公开使用是对内容完整、具有可操作性的发明的非秘密状态使用。此公知公开性不受产品的属性要求和范围限制。例如，依据发明产品 A 的必要技术特征做成的与产品 A 外形不同、实质相同的产品 B，被给予单一的、小范围的使用也构成公知性公开使用。公知性公开使用使得该发明成为公众所知的现有技术，而没有专利权或先用权抗辩存在的可能性。如在 Pennock v. Dialogue 案中，申请人事先允许他人制造并销售改良产品给公众，其后对该技术申请专利。法院认为：申请人先前的使用行为使后来的专利申请无效。Pennock 案建立了一个基本原则：发明人不论假借谁人之手，一旦公开使用发明，在此之后又试图从公众手中收回该发明去申请专利，公开销售和使用应视为发明人对专利申请的抛弃。

其次，关于秘密性隐秘使用，现实中存在一个问题：若技术方法本身不为公众知晓，但使用该方法生产出来的产品被投放到商业市场后，该技术方法发明是否为公开使用呢？一般而言，非专利申请人的秘密使用不能使他人的专利申请无效。美国学者所认可的此种类型的在先使用，主要是考虑到利益平衡原则。在选择披露其发明创造的发明人和不予披露其发明创造的其他发明人之间，法律倾向于提出专利申请并获得专利的权利人在制止侵权行为时，以其他发明人的秘密使用作为有效抗辩事由。此时，申请并授予专利权的专利权人和没有申请专利的发明人之间，只能是专利权和先用权抗辩同时存在。另外，之前秘密使用发明的发明人，若秘密使用该发明并将其所制造的产品投放市场，那么他以后也将丧失申请专利的权利。在 Metallizing gineering Co. v. Kenyon Bearing & Auto Parts Co 案中，原告在申请专利之前，秘密地使用该技术并生产出最终产品。法官 Hand 认为不管通过购买或其他合法方式获得该产品的公众对产品中包含的技术内容获知多少，哪怕完全不了解产品背后的技术，原告也已经因该产品的商业开发放弃了专利申请权。其理由是鼓励迅速公开发明和阻止发明人试图以其他规避法律的手段而超过法律限制，实现延伸其专利垄断权的目的。

最后，关于非公知性公开使用，其是利用不为公众所知的技术制造出产品，并投放到市场中。由于该类技术的属性，在公众视线下的产品，公众无法通过其外表而获知其中的技术内容。在 Dunlop Holdings Ltd. v. Ram Golf Corp 案中，原告指控被告侵权，被告 Ram 成功地主张第三方 Wagner 已经将非公知性技术予以公开使用制造出了涉案产品。法院认为，第三方 Wagner 是首次发明涉案产品高尔夫球并迅速将之公开使用的主体，虽然第三方 Wagner 并未揭露高尔夫球可以持久使用的材料构成原因，但产品的非公知性公开使用就是一种对外公开，因为获得该产品的其他竞争者能够通过反向工程技术破解产品的技术内容，因此法院判决原告的专利无效。原告不服提起上诉，声称第三人 Wagner 的使用是一种带有隐藏性质的使用，这种使用能阻止专利无效。上诉法院对隐秘性秘密使用和非公知性公开使用予以区分辨别，认为秘密使用构成隐瞒不为公众所知，因此不丧失新颖性，不能使专利无效；对于非公知性公开使用，先发明人自己或其他任何第三人的使用均将导致专利权无效。最终法院审理认为第三方 Wagner 的非公知性公开使用能使原告的专利无效。

通过以上可知，美国学者针对先用权及现有技术抗辩的案件，将二者存在衔接的部分，作出了三种情形的划分。上述三种情形既可作为被告在针对专利权人提出侵权指控时，抗辩事由如何合理选择的理论依据，也可作为法院审理此大类案件的判例依据。实践中美国法院处理的有关现有技术抗辩类型的案件，仅接受狭义的商业方法专利涉及的侵权，其他专利不适用于现有技术抗辩。[1] 其理由十分明确，无论专利技术是不是现有技术，

[1] 《美国专利法》第 273 条。

被告的侵权事实是不容改变的。面对专利侵权案件，在司法实践中，首先要做的是被告实施的技术是不是等同于专利技术，只要等同就认定侵权。法院并不将专利技术与现有技术进行比较。❶

美国针对方法专利适用现有技术抗辩，司法程序上是将被告实施的技术与现有技术进行对比，而不是用原告的专利技术与现有技术比对。其结果：一是被告技术等同于现有技术，而不同于原告技术，原告撤诉；二是被告技术等同于现有技术，也等同于原告技术，不言自明，原告专利技术也是现有技术。如果是第二种情形，那么，此时最不担心的就是被告。然而，美国的其他类型专利并不适用于现有技术抗辩，被告实施的技术一旦落入原告专利权范围，专利侵权行为成立，被告就必须承担侵权的法律责任。如果被告所实施的技术与现有技术相同或者等同，其结果就足以证明被告实施的技术是现有技术。❷

（2）我国公知技术抗辩的规定。

我国《专利法》第 62 条规定："在专利侵权纠纷中，被控侵权人有证据证明其实施的技术或者设计属于现有技术或者现有设计的，不构成侵犯专利权。"公知技术抗辩又被称为现有技术抗辩或自由已知技术抗辩❸。北京市高级人民法院于 2001 年 9 月 28 日公布的《北京市高级人民法院专利侵权判定若干问题的意见（试行）》第 100 条至 103 条，也对公知技术抗辩进行了规定。

公知技术抗辩作为对抗间接侵权诉讼的一种抗辩形式，对"公知技术"

---

❶ Janice M Mueller. An Introduction to Patent Law. Journal of Microscopy [M]. Citic Publishing House，2003：274.

❷ See Tate Access Floors Inc. v. Interface Arch. Res. Inc.，279 F. 3d 1357 (Fed. Cir. 2002).

❸ 最高人民法院于 2009 年 6 月 18 日发布的《关于审理侵犯专利权纠纷案件应用法律若干问题的解释》对此作出了明确规定。

的理解，必须理解法条中有关“新颖性要求”的规定。我国《专利法》第22条、第23条，在阐述新颖性的要求时规定：申请专利的发明或实用新型不应该是现有技术，现有技术是指申请日之前在国内外为公众所知的技术；申请专利的外观设计不能是现有设计，现有设计是指申请日之前在国内外为公众所知的设计。由上述规定可知，公知技术是指专利申请日之前被国内外为公众所知悉的技术。

要使用公知技术抗辩，就必须界定什么是公知技术。认定公知技术需要具备一定的条件：第一，时间要求。在专利申请日之前已经为公众所知，申请日或优先权日就是时间界定。第二，地域要求。这一要求就是按照绝对新颖性的标准去判断，即为公众知悉的程度是国内外公众。第三，公众所知。公众所知指该项技术方案已经脱离秘密状态，处于向公众公开的状态，了解该方案不需要通过特定渠道去了解。其实，此问题关键要揭示如何公开，或者说以什么方式公开。一般情况下，一项技术被公众所知，就是技术已经公开，其公开方式主要有以下三种：第一种公开方式是出版物公开，包括书报、期刊、会议文献等；第二种公开方式是使用公开，一般情况下，通过专利产品投放市场，公开销售和使用，就意味着该技术方案的公开，但是，使用即公开的判断不是绝对的，有些专利即使实施也不一定能够公开，原因是科技含量高的专利，即使被使用也不一定可以破解方案，所以，有些发明人选择商业秘密权对自己的科技成果权进行保护，理由就在于对自己的技术方案有信心。第三种公开是其他方式，如通过口头演讲或演示、展览和国际互联网等方式向公众公开技术。

5.3.2 公知技术抗辩与专利先用权抗辩之比较

通过以上对公知技术抗辩内容的理解，不难得出公知技术抗辩与专利先用权抗辩的相同之处，具体来说：一是都具有合法性。先用权只有在满足了一定的条件后才成立，并且未来也必须在满足一定的限制条件下才能继续实施。而公知技术的成立正如上面所谈到的，只有满足了这些成立条件，一项技术才可称为是公知技术。二是时间上要求的一致性。用于抗辩的无论是先用权还是现有技术都必须存在于专利申请日前。专利先用权成立的一个重要条件是："在专利申请日前已经制造相同产品、使用相同方法或者已经作好制造、使用的必要准备。"对现有技术同样是以专利申请日为时间界限的，技术存在于专利申请日前就是现有技术，破坏专利的新颖性；如果技术存在于专利申请日之后，专利申请就不丧失新颖性。三是此两种抗辩都是对专利权的一种合理限制。先用权制度的设计就是为了兼顾先用权人的利益或先期投资，对专利权进行的必要限制；而公知技术抗辩的法律后果更为可怕，如果遇到公知技术抗辩，对于专利权人而言，只有息事宁人，否则，有可能被宣告专利无效。四是两种抗辩的一致性较多，有时成了同一个被告可以同时选择的抗辩方式，也就是说被告选择哪一种方式都可以进行抗辩。

在对公知技术抗辩和先用权抗辩的相同之处给予准确把握后，下文接着探讨两者的区别。

第一，对客体的要求程度不同。专利先用权的客体必须与专利权的客体一致，无论是成立条件还是继续实施的限制规定都提出了此项要求。公知技术抗辩要求的技术是等同原则的体现。等同原则的实质是有利于专利权人的制度救济，是扩大专利保护的范围，从而获得权利范围之外的相等同的技术特征要素。等同原则存在的重要作用是平衡专利权人与社会公众之间的利益关系，在适用中要求去除在等同范围中已经进入公共领域的技术内容。可见，公知技术的范围要比先用权客体范围更加宽泛，通过公知技术与专利技术比较，只要等同就可以认定专利技术为现有技术。[1] 先用技术成立的前提必须是与专利产品或方法相同的，在继续实施中不能进行趋同性的技术组合。

第二，两者所存在的状态不同。专利先用权在专利申请之前，为了防止技术的公开，以技术秘密状态存在。在法律描述先用权时，也提到先用权人做好了实施该技术方案的准备，或正在进行准备，该技术还没有被公开，哪怕是生产出该先用产品投放到市场（即进入了销售环节），也因为该技术的复杂程度高、技术难度大，而未被破解。否则先用技术就成了现有技术，那么后申请并获得的专利也就无从谈起，也即不为公众所知。

第三，两者的保护程度不同。专利先用权是为了保护先用权人利益而设置的，只是一项继续“专用”的权利，只是对抗专利权人诉讼，但其继续实施的范围和权利范围都小于专利权，而且先用权的实施不能损害专利权人的利益。公知技术是任何人都可以使用的技术，只要认定为公知技术，任何人使用都不需要征得专利权人的同意，同时在对抗专利权人的侵权诉讼请求时，公知技术抗辩的最终结果可能是专利权丧失。

第四，未来的实施程度不同。先用权人对于专利技术只能在“原有范围”内可以继续实施，而公知技术抗辩成功后将不存在实施范围的限制。

第五，抗辩成功与否在于技术的对比方式不同。以先用权抗辩时，法院是将在先使用的技术与专利技术进行比较，相同则享有先用权。以公知技术抗辩时，法院进行比较的是涉案侵权技术与现有技术，如果二者等同就判侵权技术为现有技术，视为抗辩成功。

第六，实施地域不一致。专利先用权的实施地域是在本国范围内，而公知技术抗辩可以把国内外的现有技术提供出来进行抗辩。

---

[1] 谭筱清．已有公知技术抗辩原则在专利侵权诉讼中的运用［J］．人民司法，2002（8）：52.

5.3.3 专利先用权抗辩与专利无效抗辩之比较

《最高人民法院关于审理专利纠纷案件适用法律问题的若干规定》第9条明确规定：人民法院受理的专利侵权案件，如果被告在答辩期间内请求宣告该专利权无效的，人民法院应当中止诉讼。此规定肯定了专利无效宣告的法律作用，并明确了被告运用专利无效抗辩在专利侵权诉讼中的法律地位。

（1）专利无效抗辩在侵权诉讼中处于优越地位。

人民法院在被告请求专利无效宣告时要中止诉讼。之所以如此规定，一是专利无效宣告一旦成立，原告的侵权客体因专利被宣告无效而不成立，诉讼将变得毫无意义。二是专利权宣告无效是国家知识产权局专利局专利复审委员会作出的决定。在专利侵权案件诉讼过程中，一旦涉及专利无效申请，诉讼一般暂停，等待国家知识产权局专利局专利复审委员会作出决定后，法院再依据国家知识产权局专利局的决定调整审理计划。可见，运用专利权无效进行抗辩不仅影响法院审理进程，还可能影响审判结果。

（2）我国关于专利无效宣告的法律规定。

依据我国《专利法》第45条规定，自国家知识产权局专利局公告授予专利权之日起，任何单位或者个人认为该专利权的授予不符合专利法有关规定的，可以请求国家知识产权局专利局专利复审委员会宣告该专利权无效。[1] 专利无效宣告的法定理由：一是专利权的客体或技术主题不符合发明、实用新型和外观设计的定义；二是专利权的主体不合格，即专利权主体资格与专利法规定不符；三是违法、违反社会公德或妨碍公共利益；四

---

[1] 《专利法》第45条。

是不符合授予专利的实质条件；五是专利申请文件不符合专利法规定，如说明书没有充分公开发明创造内容，权利要求书没有以说明书为依据等；六是申请人修改超过了原说明书的范围；七是在后专利权。指相同主题的发明创造已被授予一项专利权，又由国家知识产权局专利局重复授予的专利权。

由此可见，如果被告实施的技术虽然属于现有技术，但落入原告专利权保护范围，那么被告可以考虑启动先用权抗辩或请求宣告专利无效，以充分维护自己的合法权益。此三种抗辩，既有联系又有区别，正确处理三者关系，不仅有利于专利先用权人全面维护自身利益，也有利于法院全面分析先用权的不同特点，从而作出合理的判决。

通过以上论述，可以清楚看出先用权抗辩和公知技术抗辩是用来对抗专利侵权指控的，其侵权判定是由司法机关即有管辖权的人民法院作出；而专利权有效性的判定是国务院专利行政部门的法定职权，其属于行政权的一部分。

在实践中，若被告既可以采用先用权抗辩也可以采用公知技术抗辩和无效宣告程序来对抗专利权人的侵权指控，究竟采用哪种方式，就需要被告进行权衡比较。认真区分三者在对抗专利权人侵权控诉时所采用的方式方法，对于司法实践中节约诉讼资源、提高诉讼效率、减少当事人诉累，具有一定的积极作用。下面本书将通过一个关于自由公知技术与先用权抗辩的案例，来说明依据不同将产生不同的法律效果。

5.3.4 三种抗辩的实证分析

为了更深刻地讨论三种抗辩的区别与联系，本书将通过一个关于公知技术与先用权抗辩的案例，来说明依据不同的抗辩事由将产生不同的法律效果。

基本案情：1997 年 3 月 4 日，F 公司申请一项方法发明专利，即“龟粉和蛇粉的组合物及其制备方法”。该专利的技术特征有两方面内容：一是制备方法采用龟蛇组合物；二是运用此方法生产的产品，从重量来看，龟粉占 10% 至 40%，蛇粉占 60% 至 90%。经国家知识产权局专利局审查中心审查，2000 年 8 月 12 日授予 F 公司方法发明专利。D 公司是一家生产保健品的企业，其产品品种较多，主要有纯蛇粉、珍珠蛇粉、蛇鳖粉、金龟粉、蛇鞭粉和蛇龟粉等。D 公司声称是在 F 公司专利申请日前购买相应的设备，但提供的证据不能证明做好了生产蛇龟粉的必要准备。1998 年 4 月 8 日，D 公司将蛇龟粉胶囊向主管部门申请生产许可证，该胶囊的配方是乌梢蛇 50%、蝮蛇 30%、龟 20%。1999 年 3 月 8 日，D 公司的申请被国家卫生部批准生产，领到了证书。[1] D 公司下属子公司 L 公司组织生产，由三家非法人单位参与销售。2000 年 9 月 19 日，F 公司作为原告，就 D 公司的专利侵权向法院提起诉讼。

审理和调解过程：面对 F 公司的侵权诉讼，D 公司采取了自我救济措施：一是提出自己在先使用了该生产技术；二是向法院提出涉案技术属于公知技术，以此进行抗辩；三是向国家知识产权局专利局专利复审委员会请求宣告 F 公司蛇龟粉配方的方法专利无效。面对 D 公司的反攻，F 公司一方面调整专利保护范围，另一方面恐怕专利被无效掉同意调解。结果是 D 公司撤回无效请求，F 公司撤回专利侵权起诉，相安无事，各自生产。

案件评析：从本案审理情况看，一方面可以看出专利权被侵犯的情况十分普遍。另一方面被告面对侵权诉讼并非无所作为，只要抗辩成立，容

[1] 游云．中药复方专利保护及其侵权分析［D］．北京：中国中医科学院硕士学位论文，2006.

易化被动为主动，一拳打在了专利权人的软肋上。还有一点就是专利质量不高，即使是发明专利也经不起抗辩。少见的是被告“先用权”“公知技术”两种抗辩联合使用，逼得原告被动罢兵。案例的关键在于“必要的准备”“先用权”和“公知技术”抗辩的理解与适用。本书结合讨论问题对此进行分析：

首先，先用权抗辩的理解与适用。

第一，如何理解先用权抗辩。我国专利法规定，“在专利申请日前已经制造相同产品、使用相同方法或者已经作好制造、使用的必要准备，并且仅在原有范围内继续制造、使用的，不视为侵犯专利权”❶。如前文论述可知，先用权是在专利权产生之前已经存在的一项独立权利，两权利的客体等同，因此存在冲突。因为专利权的产生符合法定保护程序，但是，由于先用权先于专利权而产生，因此，不能因为专利权的合法存在就否认在先权利的有效性。本案例中 D 公司只要先用权满足成立条件，就可以对抗专利权的侵权指控。

第二，是否满足“必要准备”的前提条件。本案审理中可能出现两种意见：第一种意见，被告 D 公司虽然提出已经做好了必要的生产和技术准备，并作为运用先用权抗辩的理由，但是 D 公司并没有实质性实施，理由是生产许可证还没有获得批准，那么，可以认定为必要准备条件不满足，先用权不成立；第二种意见，虽然 D 公司还没有取得生产批文，但是必要准备主要考察技术方案准备情况，很明显，D 公司不仅准备好了技术方案，也有样品提供审查，还具备生产保健品的通用设备，这些充分证明 D 公司生产准备、技术准备都已就绪，应该判定必要准备条件成立。关键是这些准备是否在专利申请前完成，需要证据证明。

❶ 《专利法》69 条第（2）项。

本书基本认同第二种意见。理由是对是否做好了“必要准备”的考量应考虑以下三要素：

一是技术准备，不仅包括生产工艺、产品图纸、技术方案等的准备，而且包括技术人员培训等。

二是实质生产上的准备。是否已经完成满足生产需要的车间、机器设备及原辅材料等。

三是试生产的准备。仅有技术方案难以说明准备完成，我国专利法对专利权的客体并没有要求马上就可以实施，只是要求技术方案具有可实施性，因此，在规模生产之前，先进行产品试制，既是对技术方案的检验，又是必要准备的实质性标准。

本案案情对照上述条件可见，D 公司基本具备。那就不应以是否获得生产审批来否认必要条件的完整性。如果 D 公司已经生产出样品提供行政审批时使用，那就不应该指责生产设备不是专用设备，通用设备可用，何必重复购置。遗憾的是 D 公司始终没有拿出在专利申请日前已经生产出蛇龟粉的证据。所以，不能认可 D 公司在先使用的事实，从而判决其先用权抗辩不成立。

在 D 公司拿不出在先生产的证据时，D 公司又声称在先得到的技术是受让取得，即技术方案是由益寿宝公司在原告申请专利之前研制的，然后把蛇龟粉技术转让给了自己。对此事实需要分段进行分析：一是该技术转让如果发生在专利申请之日前，不受专利权人制约，只要 D 公司提供技术转让的证据，D 公司和技术转让的益寿宝公司都可以作为先用权人。二是该技术转让如果发生在专利申请日后，该转让就不符合法律，因为即使先用权成立，先用权也不包括许可使用和转让权。实际上 D 公司也没有提供出在申请日前技术转让合同，作为受让取得该技术的证据。

其次，公知技术抗辩的理解与适用。

第一，公知技术抗辩的理解。关于公知技术抗辩，我们可以在《最高人民法院关于审理专利纠纷案件适用法律问题的若干规定》中找到解释。一是肯定了公知技术可以作为专利权侵权抗辩的理由；二是用于抗辩的技术必须是专利申请日前为公众所知的技术，即已经通过期刊、会议、网络等媒体公开的技术，不能是技术秘密；三是涉案技术或者与该技术相同，或者是该技术的简单组合。关于公知技术的概念和特征，本书此前已有详尽论述，在此不多讨论。

第二，对本案是否适用公知技术抗辩的分析。以本案事实分析，公知技术抗辩是否适用，可能有三种不同观点：一是不适用说，认为D公司不能选择公知技术抗辩的理由，一方面我国法律并没有关于公知技术抗辩的规定，司法实践中无法可依，既然本案中的侵权技术已经完全落入涉案专利的保护范围，就没有必要审查还处在有效期的专利是否是公知技术。二是适用但不成立。此观点认可公知技术抗辩，具体到案例，此观点认为，既然专利技术被侵权技术完全覆盖，既然侵权人提供的公知技术与侵权技术存在5%差异，那么可以判定专利技术与公知技术也存在差异，或者说，专利技术不是公知技术。这一观点是否被法院认可，关键看这5%的差异如何认定。法院是否具有实质审查权，如果仅就形式审查来判断专利技术是否等同公知技术，有失偏差；如果仅5%的差异就认定是实质性差异，那么公知技术抗辩难以成立。三是抗辩成立说，这一观点的依据是建立在法院有权对专利技术进行实质审查，那么，5%的差异难以掩盖专利技术与公知技术的等同事实，自然被控侵权人提出的公知技术抗辩是成立的，而且毋庸置疑。法院采信被告抗辩，可以直接判决抗辩成立，而不必等到无效程序宣告后再行判决。

本书基本同意第三种意见，法院审理本案，不需要讨论公知技术抗辩的合法性，最高人民法院的司法解释已经有明确规定，关键审查涉案专利的公知性，如果公知就是现有技术，如果不是公知技术，就可以否认 D 公司的抗辩，判定其侵权，要求其承担法律责任。

通过以上对三者的比较及案例分析可知，先用权和公知技术都具有对抗专利权人侵权指控的功能，即抗辩功能。在先用权属性界定一章，已经对先用权的独立性质进行了系统论述，那么公知技术究竟具有怎样的法律属性呢？

本书认为公知技术只是具有抗辩功能，而不是一项抗辩权。因为只要公知技术抗辩成立，那么它就是直接否定了专利权人侵权请求权的合法性。既然已经是公共领域的现有技术，怎么还能以侵犯其专利权来提出指控，法院定会认定专利权人滥用专利权，至于专利权是否有效，还需要由专利复审委员会作出专利无效宣告。可见以公知技术进行抗辩的人，本身是就对现有技术的一种使用，这种使用不需要得到任何人的许可。因而使用公知技术是不依赖任何权利就可以独立行使的。无效宣告请求权的提出，使得专利权人和该无效宣告请求人（可能是主动申请无效宣告的人，可能是被专利权人提出侵权控告的人，其中也包括先用权人）的主被动身份互换。因为专利权的获得，使得专利权人比其他人具有该技术上的优越性，其他人要想使用该专利都要经过专利权人的同意。即使是在专利权人提起侵权控告时，其位置相对被告的位置也是绝对主动的。但是，一旦专利被提出无效宣告请求，专利权人的主动地位将不复存在。可见，无效宣告请求权更是不依赖于专利权而独立存在的。

5.4 专利先用权的特点

通过先用权与相关权的比较，可以进一步揭示先用权的特点。

首先，专利先用权虽然在先存在，但不排斥在后权利的产生。在这一点上，和在先权不同。在先权的存在，可以排斥相同客体的在后权利，如现有著作权的美术作品未经著作权人同意不得作为外观设计申请专利。专利先用权虽然也是在专利权产生之前已经存在的一项独立权利，但是先用权并不能排斥在后申请和产生的专利权的合法存在，相反的是因为两权利的客体等同，因此一旦存在冲突，先用权还将受到专利权的节制。然而，只要在先使用符合先用权成立的条件，也不能因为专利权的合法存在就否认在先权利的有效性。

其次，专利先用权主体存在多元化并列的特点。根据先用权成立的条件的规定，只要在申请日之前做好了实施专利技术的必要准备，就构成先用权。可见，符合此条件的在先使用人都可以依法享有先用权。但是，鉴于法律没有再对在先使用人进行时间先后的区分，因此，符合先用权条件的先用权人之间只能是并列的关系。

再次，先用权的权利重心是实施。从先用权成立的条件和原有范围的限制可以看出，“实施”几乎是先用权的全部，既是先用权成立的前提，又是权利行使的内容。因此，本书认为实施是先用权的重心。

最后，先用权具有可转化的抗辩功能。从先用权之抗辩功能与公知技术抗辩、专利权无效抗辩具有明确的相互转化性，这一点主要取决于在先使用的程度，或者说“必要准备”的情况。如果在先使用处于做好了技术准备和正在购置或安装设备阶段，适合于先用权抗辩，以获得继续使用专利技术的权利；如果在先使用人已经通过法定渠道公开了正在实施的专利技术，只要能证明专利技术是现有技术，就适合于公知技术抗辩。如果在先使用处于全面实施阶段，即专利技术的产品已经进入市场，那么此时的在先使用人既可以用公知技术抗辩，也可以向国家专利复审委员会申请专利无效。可见，先用权人的抗辩手段并非单一的，根据在先使用的程度不同，可以综合先用权、公知技术和专利权无效等手段进行抗辩。

5.5 小　结

本章通过比较专利先用权与在先权、商标先用权、公知技术抗辩和专利无效宣告请求权，明确了先用权的法律性质和权利特征，清楚展示了先用权的功能。

首先，虽然先用权是一种在先权，但是通过与在先权比较可以更清楚地看到，专利先用权作为对专利权的一种限制，表现在发明人在申请专利之日前，先用权人已经制造与专利产品相同的产品，或使用与专利方法相同的方法，法律赋予其在发明人获得专利权后仍然享有继续实施的权利，而不需要专利权人的许可。同时，当专利权人提起侵权诉讼时，此权利可以抗辩专利权人的侵权诉讼的一种权利。

其次，商标先用权和专利先用权是具有相同功能的两个制度。二者都是为了防止由于对专利权、商标权过度保护而导致的垄断。它们分别对专利权、商标权具有一定的限制作用，在很好平衡了专利权人与专利先用权人、商标权人与商标先用权人的利益的同时，弥补了专利先申请制度和商标注册制度的不足。当然，两权利首要的区别在于，其产生的前提不同，专利先用权是因为专利先申请制度；商标先用权在于商标注册制度。

最后，先用权、专利权宣告无效请求权和现有技术抗辩，这三种权利既有交叉，也存在明显的区别。这三种权利，都适用于对抗专利权人的侵权诉讼。先用权抗辩和公知技术抗辩都属于在专利侵权诉讼中适用的抗辩。对被告采用先用权抗辩的，法院首先要判断先用权是否真正存在，是否符合专利法意义上的先用权。对被告采用公知技术进行抗辩，法院则需要依据专利法关于可专利的实质条件之新颖性规定，将被控侵权技术与现有技术进行对比。专利权无效宣告请求权，是任何人在任何时候都拥有的权利，事实上，行使无效宣告请求权的都是专利权的相关人；可能是专利侵权人，也可能是先用权人，但无论谁行使请求权，专利复审委员都会依法进行审查，并出具行政确权决定。法院在审理中，遇到需要确认是否专利无效时，会中止诉讼，等待专利复审委员会作出有关确权的决定后再行恢复审理。

6

完善我国专利先用权相关规定的立法建议

讨论专利先用权规定方面的完善建议时，在内容设计中必须参照国际条约的规定。尽管国际公约的约束力有时十分有限，有些强势国家在自身利益或自己国家的法律与国际公约发生矛盾时，总是不理会国际公约的规定。而且在实践中，国内先用权不能对抗国外专利权，国外先用权也难以对抗国内专利权。若各国都只依据各自国情各行其是，那势必影响国际贸易和知识产权的国际保护。因此在对我国专利先用权相关法律规定进行完善时，还需要参考国际条约的相关内容。目前关于专利保护的世界公约主要包括世界知识产权组织的《保护工业产权巴黎公约》和世界贸易组织的《与贸易有关的知识产权协议》(TRIPS 协议),但两个协议都没有直接规定先用权制度。《与贸易有关的知识产权协议》(TRIPS 协议)仅对专利权的限制问题作出了原则性的规定:“所授权利之例外:各成员可以对专利所赋予的专有权规定有限的例外,只要此类例外不与专利的正常利用发生不合理的冲突,也不会不合理地损害专利所有人的正当利益,就应顾及第三方的正当利益”❶。

另外,世界知识产权组织《实体专利法条约(草案)》对先用权也作出了规定:即对在申请日之前的专利技术,如果在先使用人已经为了善意使用进行了有效且认真的准备,那么在先使用人继续原有目的的使用不应视为侵权。从该规定的核心内容来看,应该肯定该规定是比较宽松的,表现在:一是对先用技术来源仅是合法取得;二是对先用行为要求必须善意使用和商业目的;三是继续实施既没有范围要求,还将权利范围扩大到制造权外的销售、许诺销售和进口等。

论述我国专利先用权相关规定的完善,还需要借鉴国外关于先用权的先进规定。先用权作为专利权的一项限制,在专利保护尚难统一的情况下,先用权制度同样在世界各国是难以统一标准的。但是由于我国《专利法》还很年轻,很多问题尚未经历,国外的相关法律规定及司法实践已经对于该内容给予了很好的论证,因此绝对有必要对符合我国专利先用权法律规定发展方向的内容加以吸收借鉴。

本章将结合上文所分析的我国专利先用权法律规定所存在的争议及与专利权的冲突和对先用权属性、特性的准确认定的基础上,提出对争议问题的完善意见,并通过国外借鉴、理由论证、成本效益数学分析和实证分

❶ 《与贸易有关的知识产权协议》(TRIPS 协议)第 30 条。

析以提高立法建议的准确度。

6.1 关于专利先用权技术来源的界定

先用权技术来源的准确界定是先用权产生的首要条件，此处讨论的核心问题是围绕先用技术是否可以来源于专利权人处。下面将通过国外关于先用技术是否可以来源于专利权人处的相关规定、案例分析及成本效益数学分析而给予最终的结论。

6.1.1 国外关于先用权技术来源的相关法律规定

国外关于先用权技术来源问题，存在三种情况：一是以德国和法国为代表的，符合一定条件，通过合法途径从专利权人处获得的技术可以成为先用技术。二是以日本为代表的，先用技术可以是先用权人的独立发明，也可以来源于其他独立发明的第三人处，但是排除来源于专利权人处的情况。三是以美国为代表的，坚决要求先用技术必须是先用权人自己的独立发明，不论是来源于其他独立完成发明创造的第三人处，还是来源于专利权人处，都不产生先用权。以上述三种情况为代表的各国，究竟为何如此规定先用权技术来源，我国又应该借鉴哪国的相关规定呢？

（1）以德国和法国为代表的关于先用技术来源的规定。《德国专利法》对先用权技术来源规定比较宽松。在发明的来源上，只要是先用权人通过合法途径善意取得即可，并不排除先用技术来源于专利权人及其特定关系人，只是给予了6个月的期限。先用技术来源于专利申请人，并于申请前告知获让人的，如果申请人在告知技术秘密时明确告知需要保密，则不产生先用权；即使知悉人在专利申请前6个月做好实施准备，也不能赋予先用权。如果专利申请人在告知技术秘密时没有要求保密，那么获知人在获知后6个月内做好了必要准备，可以产生先用权。[1] 可见，从申请人处获知先用技术，能否产生先用权的关键是申请人是否明确告知保密。

法国于1791年颁布《法国专利法》，其专利制度已经有两百多年的历史。法国也是保护工业产权的先行者，积极倡导国际社会保护工业产权。从法国关于先用技术来源的规定来看，要求专利申请日前，取得方式只要是善意的拥有就符合赋予先用权的条件，但对如何善意取得没有做具体规定。[2] 可见，法国仅原则规定了先用技术取得的多元化：独立研发、受让取得、其他合法途径。

另外，英国专利法、意大利专利法对关于先用技术是否不可以来源于其他独立发明人处（包括专利权人处）都没有明确规定，都要求只要已经善意实施即可。[3] 澳大利亚的先用权制度规定：先用技术可以来源于专利权人，但来源于专利权人的技术必须符合持续实施的条件，一旦停止实施或

[1] 《德国专利法》第12条规定："在专利申请前完成实施准备或已经使用了该技术方案，专利权人不可排除该人继续实施。以企业发展为目的，该人可在其他企业内实施该技术。该权利只能随同企业转让、继承。技术方案若是经由申请人告知，那么对专利授权予以保留的，获知人在得知该技术6个月内不得实施。"

[2] 《法国专利法》第31条规定："在专利申请日前，在国内已善意占有他人申请专利的发明，在专利授权后仍可继续实施。此实施权利专属于实施人。该权利只可随企业整体或所属那部分转让。"

[3] 见《英国专利法》第64条、《意大利专利法》第6条。

放弃实施准备，将不能产生先用权。[1]

（2）以日本为代表的关于先用技术来源的规定。《日本专利法》《日本实用新型法》和《日本外观设计法》都明确规定先用技术不能来源于专利权人。[2] 根据《日本专利法》第30条规定，专利申请人除了享有原《日本专利法》[3] 第24条规定的三项宽限期条件外，又将不丧失新颖性的例外进一步放宽，即在申请日前6个月内，专利申请人对技术方案进行公开实验、报刊和网络上公开发表，也不丧失新颖性。有了此规定，专利申请人在申请日之前的6个月之内，无论如何开展技术公开活动，都不需担心影响申请的新颖性。这就限制了在先使用人不得从专利权人处获得专利技术。享有先用权的技术来源只有两个途径：一是独立研发获得专利技术；二是从专利权人之外的第三人处获得，关键一点是，这个第三人也必须是独立发明人。

（3）以美国为代表的关于先用技术来源的规定。对美国专利法和专利先用权的研究，应该从美国专利法修订前后着手。2012年美国实施了新的专利法，专利取得由先发明制转变为先申请制，其立法价值在于注重对发明者权益的保护。由于先用权的存在对专利权垄断性的影响和对专利经济价值的削弱，美国曾坚持不认可专利先用权制度。[4] 给专利先用权以规定并

---

[1] 《澳大利亚专利法》第119条规定：“早在专利申请提出前，已经有人实施该技术进行了制造、许诺销售、销售，那么专利申请成功后，也不能排斥该人继续进行制造、销售。若技术在专利申请提出前，从专利权人处获得，那么在先的继续实施必须持续进行，否则丧失先用权利。”

[2] 《日本专利法》第79条、《日本实用新型法》第26条及《日本外观设计法》第29条都明确规定先用技术或设计必须是独立作出或是从第三方发明人处获得，排除来自于专利权人处。

[3] 《日本专利法》自实施以来历经数次修改，仅1999年修改了三次。本书中原《日本专利法》指1992年第二次修订后的版本，而本书中《日本专利法》若无特别说明，均指1999年第三次修订、2000年实施的版本。

[4] A Strategy for Innovation：Securing Our Economic Growth and Prosperity [EB/OL]. [2013-1-13]. www. whitehouse. gov/innovation/strategy.

规定在美国专利法中，是 1999 年才作出的，即制定了《美国发明人保护法》，赋予一种有限形式的专利先用权。❶

《美国专利法》修订前后，对先用技术来源的要求都很苛刻，如果在先使用者从专利权人或者与专利权人利益相关的人那里获知发明内容，则不能享受在先使用权。❷ 究其原因是美国 1999 年前的专利法所采取的先发明制，从表面上看是对先发明人的绝对公平。❸ 举例说明：甲和乙先后发明了一种真空干燥技术制盐方法，甲虽然发明在先但没有及时申请专利，乙发明完成在后但申请在先，此时，乙申请后获得专利权。但只要甲有足够证据能够证明自己先于乙完成了发明创造，甲虽然申请在后，但由于先完成发明，所以可以获得专利权。这一原则，形式上看是比较公平的，绝对保护先发明人。但这一原则下的问题也是致命的，美国正是意识到问题的难以解决，及时调整法律，既保护先发明人利益，又鼓励尽早申请专利。❹ 此时的先发明制是相对于其他国家的先申请制的修正式。那么，在美国的先用权人，一定是在专利先发明人申请专利之前，已经完成发明创造并实施，或者至少是做好了必要准备。❺ 即使先用权人真的放弃了专利申请权，但这并没有放弃专利技术的使用权，而且也不意味着这一技术进入了公共领域，

❶ State Street Bank & Trust Co. v. Signature Financial Group Inc. 149 F. 3d 1368 (Fed. Cir. 1998), cert. denied, 525 U. S. 1093 (1999).

❷《美国专利法》第 273 条规定："发明创造者本人对该发明创造在先进行了商业行为或完成了部分投资的，那么在专利申请人提出申请后，可以继续商业行为或投资。"

❸ David J. Kappos, Teresa Stanek Rea, United States Patent and Trademark Office, Report on the Prior User Right Defense, 8, 9 (2011).

❹ R. Hines, Some Areas of Basic Difference Between United States Patent Law and That of the Rest of World-and Why [J]. 28 Idea, 1987.

❺ M. Miller, Patent Harmonization: Is the U. S. Running Out of Time? [R]. 4 World Intellectual Property Report, 1990.

只不过增加了使用人。先用权人依然可以通过商业秘密进行保护。[1]

研究美国新的专利法，我们发现采取先申请制后，先用权实际上是对先发明人而言的，先用权的存在实际上是一种保护。因为美国的先用权人可以说是绝对的先发明人，法律认可的先用技术一定不能来源于专利权人。《美国专利法》第273条（e）款（1）项（A）目规定，“本条中的先用权仅由以下自然人宣称：符合本条（a）款要求之商业性使用主题的人或指示他人商业使用主题的自然人，或者与上述自然人有控制或被控制关系的组织，或者与上述自然人有关联关系的组织。”也即是不仅先用权人及其相关企业能宣称享有先用权，与先用权人有合同关系的订约人和供应商也能宣称享有先用权。

在确定了先用权的主体范围后，《美国专利法》第273条（a）款（1）项又规定，“此人基于善意，在美国商业性使用此主题”，《美国专利法》第273条（e）款（2）项则规定，“如果先用权抗辩所涉主题来自于专利权人或者与其有联系的人，则无权声称先用权抗辩”。之所以这样规定，是因为美国并不想因为先用权人利益而影响专利权人的利益，即使修改了专利法，也不愿弱化对专利权人的发明创造的保护力度。因为在实施先发明制的情形下，法律只保护最先完成发明创造的人，只要能证明是最先完成发明创造，就可以驳倒一切已经获得的专利权。那么在这种情况下，真正的最先完成发明创造的人是不担心被他人知道自己的发明创造而被抢先申请专利的，因为只要可以证明自己最先完成了发明创造，即使是申请在后，

---

[1] W. Thad Adam, Ⅲ and J. Derel Monteith Jr, The Continuing Saga of Federal Circuit patent Claim Construction Jurisprudence: Extrinsic Evidence and other Stories [J]. The Federal Circuit Bar Journal, 1998: 1368.

也不会丧失其发明创造专利权人的身份。❶ 因而法律对于未申请专利的发明创造的保密程度的要求，相对先申请制国家来说，就要宽松许多。也就是说其他人可以比较容易地通过多种合法途径获知该发明，即新颖性宽限期中的公开方式较之我国要更丰富。即便他人获知了该发明创造也不敢使用，因为依法律规定，使用将意味着违法、侵权。

修订后的《美国专利法》在采用先申请制的前提下，赋予了先用权人普遍的合法身份；但是对先用技术不得来源于专利权人给予严格规定，这也与该法中的其他内容是息息相关的。例如，扩大现有技术的范围，取消地域限制，以及将新颖性宽限期赋予专利申请人在一段优惠期间内的行为限于发明人或共同发明人自己进行的公开行为，或直接、间接源自发明人的公开行为。这两点内容无疑都对专利权人提出了更高的要求，那么在不损害未来专利权人申请专利积极性的前提下，法律当然也要对先用权人提出更高的要求，也就是先用技术必须是自己独立发明。

通过以上论述可以看出，关于技术来源的规定，《日本专利法》将先用技术来源规定为专利权人之外的独立完成人，可以是先用权人自己，也可以是其他独立完成人，不能是专利申请人。修订后的《美国专利法》在颁布实施前后，均规定先用权对象是在先使用人在专利申请日前独立完成的发明创造，否则，在先使用人不能享有先用权。《德国专利法》规定，在先使用人只要是善意取得先用技术，具体来源不受限制，也就是说无论是否来源于专利权人，都不影响先用权成立。相比之下，德国的规定更合理，也更适合我国国情。

---

❶ Hapiro. Patent Reform: Aligning Reward and Contribution, Innovation Policy and the Economy [J]. University of Chicago Press, 2008 (8): 117.

6.1.2 有关先用权技术来源的典型案例

此部分通过案例来分析证明，先用技术只要是先用权人合法获得的，不应排除技术来源于专利权人处获得。

案情：1995 年 3 月 10 日，原告甲公司就一项定时器向国家知识产权局专利局申请了外观设计专利。1995 年 11 月 19 日，甲公司被授予外观设计专利权。作为本案被告的乙公司在 1994 年 10 月就生产了三种型号定时器，产品的整体外观设计均相同，并已销售给某机械设备进出口公司和某电子进出口公司。通过实物比较，被告乙公司所生产的定时器与原告的专利产品外形不相同但构成近似。

原告甲公司诉称：被告乙公司从 1996 年 4 月起生产的定时器产品侵犯了原告的外观设计专利，其外观与专利产品相同或近似，难以辨别。请求法院判决被告承担停止侵权、消除影响、赔偿经济损失等民事责任。

被告乙公司答辩：乙公司从 1993 年 8 月 1 日开始，借助东方电器公司的技术力量进行产品升级换代，专业生产各类定时器。被控侵权的一款定时器也是 1994 年 8 月生产，早于专利申请日。该产品有一批货在 1994 年 11 月由某进出口公司订货用于出口，乙公司提供了购销合同和产品样品，也请法院调查取证。乙公司以先用权成立提起抗辩。

一审法院认为：首先，原告甲公司的该外观设计专利尚在有效期内，是合法有效的专利，应受到法律保护。其次，法院通过落实双方提供的证据，被告乙公司在原告甲公司专利申请日之前，已经对与专利产品相同的定时器进行批量生产，情况属实，依据原《专利法》63 条第 1 款第（2）项的规定，被告乙公司的在先实施行为不构成对专利权的侵犯。被告乙公司的先用权抗辩的理由充分有效。判决驳回原告甲公司的诉讼请求。

对于一审判决结果，原告不服判决，提起上诉，理由：一是被告乙公司生产被控侵权产品的时间在申请日之后，不应享有先用权；二是乙公司的定时器外观设计的技术来源途径不合法。为此，请求二审法院撤销原判，依法改判。

二审法院主要围绕原告上诉理由进行了调查落实。首先，关于乙公司定时器外观设计是否通过合法途径获得。二审法院通过调查取证，认为：在专利申请之前，甲公司曾与某东方电器厂签订产销合作合约书；同时，某东方电器厂又与乙公司签订合作协议书，乙公司生产、销售的定时器产品的外观设计等技术资料是根据合作协议书的约定由某东方电器厂提供的。乙公司技术来源合法。其次，乙公司生产销售的定时器产品外观设计虽然与甲公司外观设计专利的构成要素全部相同或近似，但其实施时间在甲公司专利申请之前。因此，乙公司享有先用权，不构成对甲公司外观设计专利的侵害。甲公司上诉称乙公司不享有先用权的理由不足，不予支持，驳回上诉，维持原判。❶

在本案中，我们不难发现某东方电器厂作为被告乙公司的专利技术来源方，双方是根据合同的约定由某东方电器厂提供产品外观设计技术资料，从被告乙公司的角度来看，其是绝对善意并且合法的。尽管我们可以臆测到，或许某东方电器厂在与甲公司签订合同之前的洽谈中得知了甲公司关于该定时器的外观设计技术，那么某东方电器厂作为后来专利权人甲公司的特定关系人，法院并没有否决被告乙公司先用权人的身份，甚至可以说

❶ 肖飞．专利制度中的先用权研究——“定时器”外观设计专利侵权纠纷案［D］．重庆：西南政法大学硕士学位论文，2008.

是肯定了先用技术来源于专利权人特定关系人的合法性。另外，从某东方电器厂和乙公司签订合同的时间早于某东方电器厂与甲公司签订合同的时间，以及乙公司进行生产销售的时间皆早于甲公司申请专利的时间等证据都表明被告乙公司以先用权为抗辩事由对抗原告甲公司的侵权抗辩理由成立。笔者认为，本案原告败诉的直接原因是其在与某东方电器厂洽谈协商后，没有及时签订合同，而恰恰是在没有合同保护的这段空白期，某东方电器厂与被告乙公司签订了合作协议。

6.1.3 对先用技术来源于专利权人处所做的成本效益数学分析

从前文的论述可以知道先用权的存在不仅弥补了专利先申请制的不足，同时也是对专利权的一种限制。因为先用权人对先用技术（即专利技术）的应用，使得专利技术能够更早地进入市场、更快地转化为生产力，从而为人类造福、为社会创收。考虑到先用技术来源问题是先用权构成要件的首要条件，因而在建立成本效益数学模型对其进行分析时，我们可以换个角度来思考，即在实现社会利润最大化的前提下，先用权人（其先用技术不论是自己独立发明，还是从其他发明人处获得）的存在对于社会各方利益（包括社会总体利益、专利权人的利益、获得专利许可使用的厂商的利益）来说，是利大于弊还是弊大于利。

首先我们考察，若有人独立完成了一项发明创造（即先用技术是先用权人独立发明的），并在专利权人申请专利之前已经将该技术投入生产，后来专利权人申请获得专利，并将专利技术许可他人使用。那么，在这种情况下，从实现社会利润最大化的角度来考量，究竟先用权人是存在好，还是不存在好呢？

假设：

①只有一个先独立完成发明创造的厂商 A 及已获得专利权的权利人 B。

②假设专利权人发放了 n 个许可证，厂商 C 为获得许可证的其中一人。

③先发明人和专利权人技术完全相同，生产方式也相同，其开发成本皆为 C_a。

④厂商 A 的生产成本为 $C(y)+C_1(y)$

—$C(y)$ 为产品生产成本，即：可变成本+不可变成本+C_a

—$C_1(y)$ 为保密成本

⑤权利人 B 的生产成本为 $C(y)+C_b(y)$

—$C(y)$ 同④中的说明

—$C_b(y)$ 为申请专利的费用成本

⑥厂商 C 的成本为 $C(y)+C_c(y)$

—$C(y)$ 同④中的说明

—$C_c(y)$ 为交付的专利许可证费用

从④中我们知道，对于厂商 A 来说，成本 $C(y)+C_1(y)$ 是早在专利权人 B 申请专利之前已有的投入，若因为专利权人申请并获得专利，就剥夺厂商 A 继续生产的权利，那么，对厂商 A 而言，其前期的各项投入是一种极大的浪费，而且，这对厂商 A 也是绝对不公平的。

接下来我们来考察厂商 A、专利权人 B、获得专利许可的厂商 C 的成本。因为 $C_1(y)$、$C_b(y)$、$C_c(y)$ 为常数，即一次性投入后，将终身受益，那么在不限制生产的情况下，$C_1(y)$、$C_b(y)$、$C_c(y)$ 可忽略不计，此时只需考察函数关系式 $C(y)$ = 可变成本+不可变成本+C_a。

在此关系式中，我们可以看出长期生产过程中，不可变成本和开发成本 C_a 都是定量，而可变成本则是变量，并且随着可变成本（即只针对生产专利技术本身的成本）的增大，生产扩大（此处对于A我们暂且不考虑“原有范围”的量化限制标准。另外，在下文的数学分析中，我们已论证作为独立发明人的先用权人其生产规模是不受“原有范围”的量化限制的），其获得的利润也将扩大（此时认为生产的产品进入市场后全部予以销售）。

在假设每件产品进入市场后价格一样的情况下，A、B、C的获利将相同。那么A的存在对B、C是否有影响呢？因为厂商C是从专利权人B处获得专利许可使用的，因而此处只需要考察A的存在是否对B有影响即可。我们考察A和B为社会创造的财富，可引用基本不等式 $a^2+b^2\geqslant 2ab$。在该式中，“=”成立的条件是 $a=b$，也就是说若想社会利润最大化，A和B在生产上获得的利润是相同的。设想A、B都在扩大再生产，那么在理想状态下（即生产条件、市场条件都相同），A、B以及C最终在生产上获得的利润是相等的，即三者的利益是平衡的。尽管A的存在，对B甚至C在市场上获利将受到影响，但由于B的专利权人身份，发放许可证作为B的多余利润，已经给予了因为A分配掉的市场份额的极大补偿。并且由于发放许可证不受数量的限制，因而B可以根据其意愿发放更多的许可证，获得更多的利益。这对于社会来说，A将专利技术极早地应用于市场，同时B发放更多的专利许可证，都是将专利技术不再仅作为专利证书中记载的技术存在，而是成了应用于社会生产领域的有益技术。另外，若因为B的出现，而否定了A的存在（即相当于B吃掉了A），在一定情况下，B处于绝对的垄断状态，一家独大，不但有违公平的市场竞争法则，同时对于整个社会的财富积累不利。

通过以上分析，我们可以看出作为独立发明人的先用权人，其存在是完全合情、合理、合法的。而对于A是从其他独立发明人处获得的专利技术，此种情形同以上情况的证明相同，得出的结论依旧是肯定此种技术来源情况。

当先用权人是从专利权人处获得的先用技术，只要其获得途径合法（即通过新颖性宽限期、委托加工合同、借贷合同等方式获得），也可以变相地认为是专利权人给予先用权人发放了一个默示许可证。由于先用权人获得先用技术途径合法，并且其本身也符合先用权的法律规定，因而此种情形下，先用权人的存在也就是合理的。只是先用权人在实施先用技术时，需要根据其从专利权人处获得先用技术的不同情况，而进行区分，也就是“原有范围”的标准问题。关于此问题，下文将予以详细论述。

6.1.4 关于技术来源的立法完善建议

通过以上分析，关于先用权内容中的技术来源问题，建议增加：“他人在申请日前自行研制开发或者以合法手段从他人处（包括在后专利申请人）取得的技术。”

第一，排除美国、日本技术不许来源于专利权人处的原因。美国和日本对先用技术来源规定比较严格，对从专利权人处获得先用技术的，法律不赋予先用权。这样规定的理由在于美国和日本关于新颖性的宽限条件比较宽松。如《日本专利法》规定：“申请人在申请日之前的6个月内所进行的公开试验或者公开出版行为不影响其专利申请的新颖性。”[1] 原《美国专利法》第2条规定：“一个人应当有权获得专利，除非其在美国提出专利申请之前一年之内，其发明已经被授予专利权，或者在美国或者任何其他国

[1] 《日本专利法》第30条。

家的出版物上发表，或者在美国公开使用。”❶ 修订后的《美国专利法》继续保留了宽限期 12 个月的规定，将原专利法“不构成现有技术的公开行为”修改为“限于发明人或共同发明人自己进行的公开行为，或者直接、间接源自发明人的公开行为”。可见，《日本专利法》对于新颖性例外的公开行为具有开放性，符合市场经济的要求，比我国非要规定“政府主办”“一定级别”的内容要科学一些。《美国专利法》对新颖性宽限期的规定，一是宽限期较长，一年时间；二是公开方式不受限制，可以是任何方式。❷宽限期公开行为的宽泛规定，给同行业人士成为先用权人提供了十分方便的条件和机会，如果再允许在先使用人的先用技术可以直接来源于专利权人，无疑会损害专利权人的利益。

第二，先用权人可以通过合法途径从发明人处获得先用技术。笔者认为不应限制先用技术的具体来源，只要手段合法、正当实施，即使来源于专利申请人，也同样产生先用权。

第三，公众有权自由使用公有领域的任何技术。我国《专利法》关于新颖性例外的规定形式上给专利申请人以 6 个月的宽限期，是一个很实惠的规定。但是，如果发明人享受了这一规定，那么申请日前的公开对外界而言是客观事实。这一公开的技术，有人及时应用，就可能产生先用权。

---

❶ 所谓原《美国专利法》是相较 2012 年最新实施的《美国专利法》而言的。原《美国专利法》是于 1790 年颁布施行的第一部美国专利成文法，期间经过了无数次修改，例如在 1999 年增加了商业方法在先使用先用权抗辩，2004 年进一步修改了以非显而易见性来保护专利新颖性要求对抗现有技术。由于本书论域所限，以上举出的两处修改内容都是与本书写作相关的，其他的修改内容在此不多加赘述。尽管原《美国专利法》经历无数次修改，但与新《美国专利法》进行的翻天覆地式修改（以先申请制取代先发明制，随之抗辩手段等内容都进行了修改）相比，还是无法企及的，因而本书试图以原和新来区分两版《美国专利法》，便于对其中关于专利先用权等的相关内容予以准确把握。

❷ Donald Chisum & Michael A. Jocobs, Understanding Intellectual Property Law, Matthew Bender & Co., Inc., 1992, & 2C [3] [a] 2-54.

法律承认了就是一种进步，不承认就有失公允。

第四，从商业秘密的角度来讨论。早在专利权人申请专利之前，先用技术是以技术秘密的形式存在，而关于商业秘密的来源，规定其主体是通过正当手段掌握和使用某一商业秘密。此处已允许技术源于他人（包括专利权人），只要是通过合法方式取得即可。我们可以看到，不论是通过新颖性宽限期取得该技术，还是通过合同形式获得该技术，都是合法的。若只因商业秘密所有人未申请专利，而专利权人申请了专利，商业秘密所有人身份转换为先用权人，就要剥夺其技术来源于他人（特别是专利权人）的合法性，对于商业秘密所有人（即后来的先用权人）显然是不公平的。

第五，我国《专利法》对享有新颖性丧失例外的情形要求严格，很大程度上约束了申请人的提前公开行为，鼓励发明人尽早提出专利申请，再行公开发表或交流。为此，我国在先使用人一般不容易从专利申请人处获得专利技术，其他途径只要是合法方式，理应放宽技术来源的限制。对委托发明合同下的特殊情形更是一个特例，委托人不仅提出技术难题，而且承担研发成功预付的风险，一旦属于合同约束，被委托人将委托项目申请了专利，委托人的使用可以被视为先用权吗？有人认为是当然许可，可以在原事业范围内使用；也有人认为，其在先使用不仅符合先用权条件，而且应该被认定为一种特殊的先用权，委托人享有除许可使用和转让之外的一切权利。[1]

[1] 程永顺．专利纠纷与处理［M］．北京：知识产权出版社，2011：93.

6.2 关于专利先用权实施行为的界定

通过上文论述可知：先用权同样适用权利穷竭理论，即通过买卖方式从先用权人处获得先用产品的第三人，其未来的实施行为将不受专利权的控制。但此处有一个问题需特别注意，就是专利申请日前后的时间点问题。在专利申请日前通过销售合同从后来的先用权人处获得先用产品的第三人和在专利申请日后因为先用权人的继续实施行为（比如销售行为）而获得先用产品（即此时的专利产品）的第三人，都将不再以先用权人的身份存在，而将是基于权利穷竭理论获得先用产品的第三人，其未来对先用产品的使用和支配将不受专利权的控制。

关于先用权产生后的继续实施行为，特别是在专利申请日前先用权人只是制造了先用产品、使用了生产先用产品的方法或者为此做好了必要准备，那么在专利申请日后可否实施销售、进口行为？以下将通过国外借鉴、成本效益数学分析、理由论证来分析。

6.2.1 国外关于专利先用权实施行为的相关法律规定

国外关于专利先用权实施行为的规定都没有我国《专利法》所要求的仅限于“制造、使用”那样严格，反而规定得较为宽泛。

由《德国专利法》的规定可以看出，先用技术对于先用权人而言，在使用上的规定比较宽松，既可以在本企业实施，也可以在其他企业继续使用该先用技术。德国学者指出《德国专利法》第 12 条中的“使用”概念和第 9 条及第 10 条中的“使用”概念含义相同。而《德国专利法》第 9 条第 1 款规定“专利权人享有使用该发明之权利”，具体使用的方式，可以由第 9 条第 2 款和第 10 条所规定的专利权人可禁止他人为持定行为的文句中反面推知，其内容和我国《专利法》中的禁止性规定大体相同，即未经专利权人许可，任何人不得擅自对专利实施制造、使用、许诺销售、销售、进口等权利。这些行为方式也是在先使用人可用来实施发明技术并产生先用权。因此，在德国产生先用权并非局限于直接实施，间接使用也可能产生先用权。可见，德国产生先用权的方式十分多元化。在专利申请前在先实施专利技术产生先用权可以理解，但在先销售、许诺销售、进口的行为也可以产生专利产品的销售权和进口权，此间接产生先用权的规定可能只有德国。

《法国专利法》关于实施行为的规定，也只是要求必须在先实施，但对在先实施并没有要求持续实施不能中断，而对于具体的实施行为也没有局限于制造、使用。❶《意大利专利法》对于实施行为只要求进行了商业实施，具体哪几种行为并未明确规定，只是对在先实施行为作出了具体时间规定，即专利申请日或优先权日前 12 个月。《日本专利法》在构成先用权的行为条件上，要求先用权人在专利申请时已经在日本国内经营该发明或者准备经营该发明。不能只是在先知悉，而没有实际经营。❷《巴西工业产权法》仅要求正在商业开发专利技术，并且在符合先用权成立要件的条件下，可以在原来的规模下继续从事商业开发。❸

❶ 《法国专利法》第 31 条。

❷ 《日本专利法》第 79 条。

❸ 《巴西工业产权法》第 45 条规定：“在专利申请提出前，有人将该技术已进行商业开发的行为不受专利权的禁止，可以在申请日后继续进行原有范围内的商业开发行为，而不视为侵权。”

英国从1624年颁布《垄断法案》以来，其专利制度发展已经有近四百年的历史，其专利相关立法对我们研究相关问题具有借鉴意义。《英国专利法》对先用权给予了规定：首先，当一项发明获准专利时，一个人在此发明的优先权日之前，采取了一项实施该发明的善意行为，如此后专利产生效力，判定在先实施人的行为属于专利侵权行为有失公允。如果让善意实施人继续、有效地准备去延续原行为，就等于赋予了一些权利。[1] 一是由其本人继续实施原行为；二是如果善意实施人继续了该行为，或为实施该行为进行了必要准备，允许有此行为产生的权利转让他人或由第三人继承；三是受让人或继承人必须有能力和条件继续实施此行为，并依《英国专利法》如上规定作出该行为不构成对该专利的侵害。其次，上述所提到的权利不应包括许可使用，只能是一对一转让。不可授给任何人许可证准许他做上述行为的权利。从上述规定来看，《英国专利法》关于先用权的规定与法国法律的规定基本相同，[2] 即对先用权人生产的产品的销售、再销售行为给予了合法性认证。

美国关于先用权实施行为的规定，在新《美国专利法》颁布实施前后，都只明确规定了商业使用行为。[3] 原《美国专利法》关于“第一发明人抗辩”规定仅适用于商业方法。新法案实施后，将先用权原则从商业方法扩展到各种商业使用行为。《美国专利法》第273条（a）款（1）项规定：“此人在美国实施了商业性使用、销售此主题或转让因商业使用此主题产生的最终产品等商业性行为。”同时，《美国专利法》第273条（e）款（4）项还规定：“已经放弃对主题进行符合本条规定的商业性使用的人，在放弃

---

[1] Thomas R. Webb, Fixing the Price Fixing Confusion: A Rule of Reason Approach, 92 Yale L. J. 706.

[2] 《英国专利法》第64条。

[3] 《美国专利法》第273条。

之日以后的诉讼中，不能依赖放弃之前的商业性使用活动主张本条所称之先用权抗辩。”也即先用权实施行为不做严格限制，但是放弃商业性使用的，不得再以先用抗辩。另外，这种商业使用行为须早于申请日之前1年或者享受宽限期的行为之前1年，以较早的时间为准。❶《美国专利法》第273条（a）款（2）项规定，“构成先用权抗辩的商业使用行为发生日期必须比以下两个日期中较早日期至少早一年：（A）发明的有效申请日期；或（B）所述发明以本法第102条（b）款规定的属于现有技术之例外的方式向公众公布的日期。”美国学术界对此规定存在诸多争议。如关于先用权人使用该技术的周期这一问题，议员Blunt认为，即使一年只使用一次，此使用仍然适用先用权抗辩；议员Kyl也认为，不应当要求先用权人进行持续使用。一些主题的性质注定了其使用是周期或季节性使用，在这种情况下，主题长时间之不使用不构成抛弃。❷ 还有学者认为，先用权技术提前一年使用的要求过于严格，在科技高速发展的今天，“提前一年”在实际操作上存在困难。❸ 由此可见，部分学者认为《美国专利法》所规定的先用权适用的时间条件要求过高。从美国先用权法律规定的总体来说，是典型的“严进宽出”，也即是对先用权成立要件的技术来源条件给予严格规定，一旦先用权产生，先用权人可以进行许诺销售、销售、进口行为。

《澳大利亚专利法》关于先用权实施行为的规定，非常明确地体现在了法条中。该法第119条规定：“（1）在专利申请日之前，如果已经有人开始

---

❶ US FTC, To Promote Innovation: The Proper Balance of Competition and Patent Law and Policy (2003), ch. 4, p 31.

❷ Joe Matal, A Guide to the Legislative History of The America Invents Act, Circuit B. J. 2012, p. 232.

❸ Margo A. Bagley, The Need for Speed (And Grace): Issues in a First-Inventor-to-File World, 23 Berkeley Tech. L. J. 2008, p. 1035.

利用专利技术实施了制造行为，或者已经开始许诺销售、签订销售合同等，在此情况下，即使申请专利成功，在先实施人依然可以在专利产品所属的产业领域继续制造或使用专利方法，不视为侵犯专利权……”可见，销售、许诺销售行为都可以产生先用权，那么由此产生的先用权继续实施行为，即法条中所说的制造或使用专利方法，当然也不排除销售行为了。

通过对以上各国关于先用权实施行为的分析论述，可以发现在国外的法律规定中未要求产生的先用权的行为必须是制造、使用，先用权成立后实施行为仅限于继续制造、使用。各国法律都是以符合公平原则及市场发展规律的“商业行为”“在先实施”给予先用权成立的行为条件以规定，而对于先用权产生后的继续实施行为也都是以“继续实施”来加以规定。我国专利先用权的在先实施行为只限于制造、使用，显然对先用权人不公平。毕竟先用权人生产的先用产品只供企业内部使用的是少数，将产品投放市场获得收益，才是先用权人在先投资的真正目的所在。更何况若先用权人一直秘密使用先用技术，未公开使用，那么先用权人与专利权人的冲突也就不存在了，先用权更是没有产生的必要了。至于销售行为是否可以产生先用权，笔者赞同其他各国的观点，只要符合先用权的产生要件，一样可以产生先用权。而进口行为是否可以产生先用权，本书将在以下理由论证部分给予详尽论述。

6.2.2 有关在先销售行为产生先用权的典型案例

由上文论述可知，专利先用权是独立于专利权而存在的权利。尽管它的先用性是针对专利权而言的，但是它并不依赖于专利权。先用权制度设立的目的在一定意义上就是在先用权人和专利权人之间寻求一个平衡点，既不过分保护专利权人的利益，又尽量合理保护先用权人的利益。但是若将销售行为排除在先用权实施行为之外，定会挫伤先用权人技术创新积极性，同时造成社会成本的浪费。我国《专利法》中仅规定制造、使用行为，未得到法律界广泛认可。多数意见认为如此规定是对先用权内容的狭隘理解，司法实践中亦通常不采用该种观点。以下将对围绕先用权的行为范围可以扩展到销售行为的典型案例进行分析。

案情：原告金盛公司于2004年1月向国家知识产权局专利局申请三项扣丝机实用新型专利，并于2005年5月18日前分别被授予三项专利。原告指控硕浦公司在2005年6月向新联公司销售的一台24工位绷丝机，侵犯了其专利权。随后，被告提供合同、进账单、增值税发票等证据证明其在2003年已向天源和日月明两家公司销售该机器。

本案争议的焦点是硕浦公司的销售行为是否依法享有先用权。法院经过调查审理，认为硕浦公司在金盛公司申请专利之前，已经开发、投产、销售了系争产品，同时根据其提供的证据证明继续实施未超过原有产量，因而认定硕浦公司享有先用权。❶

另如在杭州市中级人民法院（2008）杭民三初字第137号民事判决书中，法院亦认为："被告提供的证据能够表明其在原告专利申请日前制造、销售了涉案产品，其先用权抗辩成立。"

从以上两个判决，我们看出司法实践中均将先用权的范围扩展到销售行为。

❶ [EB/OL]. [2013-12-18]. http://www.110.com/panli/panli_69101.html.

6.2.3 关于专利先用权实施行为所做的成本效益数学分析

为了更好地说明先用权人享有销售行为的可行性，下面将通过函数方程式来加以分析。

假设：

①独立发明或通过合法途径获得专利技术的厂商 A；已获得专利权的权利人 B；假设专利权人发放了 n 个许可证，厂商 C 为获得许可证的其中一人。

②A 和 B 二者技术完全相同，生产方式也相同，若不允许赋予先用权人销售行为，那么先用权人只能自己生产供内部使用。当生产专利产品的数量达到一定程度时，即已自给自足，先用权人将停止生产，因而不允许先用权人行使销售行为，其实就是变相地在限制先用权人的生产行为，这将与“先用权人继续制造相同产品或使用相同方法”相违背。

③设厂商 A 的产量为 L_a，L_b 为专利权人 B 的产量，L_c 为获得许可证的其中一人实施专利技术所得的产量。

由上可知，若 B 只授权 C 专利许可证时，B 的产量实际为 L_b+L_c，显然 $L_b+L_c>L_a$，而 L_c 仅是代表了获得专利许可证的其中一人，那么 $L\text{b}+nL_c \gg L_a$。假设此时 A 具有销售权，并且 A 和 B 生产的产品都可以销售出去并获得利润，那么 B 获得的利润也将远远高于 A。在这种情况下，专利权人的利益获得了极大的保护，而先用权人 A 的利益只是给予了起码的保护。因此不可否认，先用权人的实施行为包括销售行为。先用权人有权将其生产的专利产品销售出去，并获得利益。

6.2.4 关于扩大专利先用权行为方式范围的立法完善建议

之所以对先用权人的实施行为有多种理解和解释，主要因为我国《专利法》仅将其行为局限在“制造”和“使用”，《专利法实施细则》也未对其作出相应的详细规定。因此，有人戏称是“允许走、没有路”的法律规定。这无疑是十分荒唐的。

通过上述案例分析和成本效益数学分析，本书建议在我国《专利法》中增加：“在先使用行为包括制造、许诺销售、销售与发明创造专利相同的产品，使用与发明创造方法专利相同的方法以及制造、许诺销售、销售依该方法直接获得的产品”。

（1）先用权制度关于行为方式的立法缺陷。

有学者分析，现行先用权制度之所以没有规定销售行为，其主要原因是销售行为会导致发明创造丧失新颖性，从而导致专利权无效以及先用权的不成立。❶ 但现实生活中存在多种情形：第一种是在先实施人在专利申请前已经制造并销售，此前提下再有人申请专利，确实可能因新颖性丧失致使申请失败。可见，申请专利是否成功主要取决于已经实施的技术是否已经公开。第二种情形是在先实施者仅是做好了实施的必要准备，并没有公开实施的技术，也就不影响他人申请专利，他人一旦申请成功，在先实施人除了制造权之外，是否还拥有销售权呢？第三种情形是有些技术即使产品进入市场也不至于公开技术，也就是说，在先实施人在申请前的制造、销售，并不一定使技术丧失新颖性。由此可见，虽然在先实施程度不同，

❶ 故朝阳．知识产权的正当性分析——法理和人权法的视角［M］．北京：人民出版社，2007：137.

对专利技术的影响不同，但是，在后申请并获得专利权者，不应排斥在先使用人的继续制造、销售和许诺销售。

有人将销售行为排除在先用权人的实施行为之外，理由是先用权人的销售行为会导致技术公开，购买产品的消费者在使用中就会公开先用技术，否认了该技术具备新颖性，因此申请专利都难以成功，先用权自然不能成立，也就没有必要讨论先用权的内容了。这种观点将使用公开与“在先秘密使用”严格对立起来，认为只要在先使用是非秘密进行的，就不具有先用权的认知，是对两种性质不同的法律关系的严重混淆。在专利侵权诉讼法律关系中才存在先用权抗辩；在先公开使用是否影响发明创造的可专利性，即是否影响新颖性的标准，主要体现在专利行政管理和专利行政诉讼中。如果通过使用公开对抗专利权人，既可以在专利公告后以新颖性丧失提出异议，又可以在专利侵权诉讼中以公知技术进行抗辩。法律并没有规定在先公开使用就丧失了“先用权抗辩”的权利。另外，我们知道判断一项发明创造是否可获得专利的首要条件是新颖性要求，即必须要排除是现有技术，而使用公开则会使技术方案因使用而导致其公开或为公众所知。使用公开的行为不仅指销售行为，制造、使用、进口、展示、馈赠等方式也可能致使公开，只要这些方式处于公众可以轻而易举获知该发明创造内容的状态，其方案就丧失了新颖性，成了现有技术。

在此，我们通过一简单事例来说明，在专利权人申请专利之前，A 公司（即后来的先用权人）与 B 公司签订销售合同，约定 A 公司在一年合同有效期内定期批量将一发明创造产品卖给 B 公司。其中，销售合同、物流公司运货单据、B 公司收货单据以及销售发票等凭证，都证明了此合同已依约定履行。B 公司与 A 公司通过合同方式产生的买卖关系是合法的，B 公司获得该发明创造产品当然也是合法的。但由于 A、B 公司未约定 B 公司对A公司承担保密义务，同时因A公司未申请专利，B公司除了受现有技术水平及分析手段的限制而不能获知该产品技术特征外，这种产品的技术特征对B公司以及从B公司处获得该产品的公众来说是有可能得知的，因为购买该产品的公众不仅可以得知该产品的外部技术特征，而且还可以通过拆卸或者破坏等方式得知其内部技术特征。显然，销售行为是可以导致专利技术因在先使用公开而丧失新颖性，成为现有技术。但也不是绝对的，也有不少产品，即使在市场上销售很长时间，其技术特征一直难以破解。

接下来，我们再来考虑先用权人的制造、使用行为是否会导致先用技术在先使用公开。根据我国《专利法》的规定，在专利申请日前，制造、使用行为是先用权人享有先用技术的条件，那么制造、使用就不会导致先用技术成为现有技术吗？

例如，在专利申请日前，某工厂的技术人员研发出某项发明创造产品或设计出某项发明创造方案，或是工厂通过合法途径获得了某项技术，并应用该技术进行了产品的生产和制造。对于工厂员工来说，他们作为生产该产品的特定人在使用该技术生产产品时，获知了该技术的主要方法或是该产品的主要技术特征，这不属于为公众所知。但是若该厂没有和员工签订保密协议，并且该厂的某位员工在私下和朋友聊天时，通过口头交谈的方式，无意间告知了他人，那么该技术随即被公开。如果该厂的员工向其他人讲解该技术时提出保密要求的，则该第三人就具有保密义务，只要第三人履行保密义务，就可以阻隔技术外传。但是，究竟该听众是否真正履行了保密义务，既无证据可以证明，也无事实以外的保证。

通过分析，我们可以看出在先的制造、使用行为也有可能造成专利技术成为现有技术的危险，如果将先用权人的此项实施行为的权利也予以剥夺，那么专利法中有关先用权内容的规定，将因为与事实相违背而使法律形同虚设，这显然是谬误的。世界上实行先申请制的国家基本上都规定了先用权制度，在先用权的权能、权利范围问题上无一例外地都规定了先用权实施生产的产品是合法产品，其销售、许诺销售都是合法的。

（2）建议扩大实施行为的理由。

通过研究，笔者认为：第一，专利制度的宗旨是有利于发明创造的推广应用，促进科学技术进步和创新。先用权作为一种产生独立、存在独立、功能独立的具有阶段性的独立权利，不但防止了专利权滥用，而且对促进专利技术的推广，刺激发明人升级性研发，促进技术升级换代具有重要作用。

第二，在先销售行为并不一定使技术的新颖性丧失，特别是方法专利。如果不能获得产品生产工艺、生产方法，那么，即使存在在先销售行为，也不会使专利方法公开。如可口可乐集团将公司开到了世界各地，其产品也在全球销售，但到现在也没有人承认成功破解了可口可乐的产品配方。应用是专利的生命，离开应用，专利权就会失去存在价值。一项专利，其技术含量再高、创造性再强，如果不能进入应用环节，那就毫无意义。可见，如果将销售排除在先用权的权利保护范围之外，显然不符合先用权保护商业投资的立法意图。

第三，在我国，一般在专利申请之前，先用技术是以技术秘密形式存在的，具有秘密性、价值性和独特性等特点。其价值性客观上要求技术秘密必须具有一定经济价值，其经济价值又表现在能够为其权利人带来实际的或潜在的经济利益和竞争优势，其价值和优势正是保护商业秘密的动力。对于权利人而言，维持技术秘密的直接目的是谋求更大的经济利益，国家立法保护商业秘密的目的在于维护权利人的经济利益和社会的经济秩序。❶但是，发明人申请专利成功后，在先使用该技术的商业秘密专有权人如果不拥有销售权，那么，先前所采取商业秘密保护有何作用，商业秘密的价值性又如何体现。尤其是如果商业秘密所有人在专利申请之前已经实施该技术，进行了生产和销售，不仅将产品投放了市场，而且在销售中已经形成自己的客户群，此时如果有人提起侵权诉讼，商业秘密所有权人是否应该放弃权利、停止生产、退出市场呢？笔者认为：继续生产和销售才体现了先用权制度的合理性。

第四，许诺销售和销售一样都是在先实施行为。一是许诺销售不是实质销售行为，作为销售商品的意思表示，不涉及技术的公开；二是对于许诺销售行为，许多国家的立法都比较宽泛，大多采用了含义广泛的表述；三是世界知识产权组织《实体专利法条约（草案）》中明确赋予先用权人针对先用权实施所获得的产品享有销售、许诺销售、进口权利。因此，我国《专利法》扩大在先实施行为范围也是与国际条约的规定接轨，以实现专利权制度的设立初衷。

第五，通过以上论述，赋予先用权人许诺销售和销售行为，才能体现先用权真正的立法价值。但是，扩大先用权人实施行为，应将进口行为排除在外。本书认为，先用权存在的基础，无论是“必要准备”，还是“原有范围”或者是技术的独立性，都是针对制造而言的，由此而扩大行为，赋予先用权人许诺销售、销售权是合理派生的权利，但是进口权不是由制造行为能够派生的权利。进口权与许可使用权、转让权一样都是专利权人不可侵犯的权利。

❶ 李永明．商业秘密及其法律保护［J］．法学研究，1994（3）：126.

6.3 关于专利先用权“必要准备”的界定

“必要准备”的界定问题是认定先用权成立的使用性条件之一，但由于其标准难以把握，因而也是专利先用权法律规定中分歧较大的问题之一。笔者认为，先用权的存在是为了尽量在专利权人和先用权人之间寻求一个利益平衡点，因此“必要准备”这一要件应尽量保证不会不合理地影响专利权人及先用权人的利益。鉴于此，“必要准备”应当是先用者已经对该技术方案的实施进行了实质性准备，即在智力、人力、物力上都进行了投资。具体内容，将在以下进行详尽论述。

6.3.1 国外关于专利先用权“必要准备”的相关规定

由于各个专利的难易程度和复杂程度各不相同，因而对于“必要准备”的标准把握，各国也都有各自不同的规定。德国和日本专利法都在法条中明确规定了“已经完成了其必要的准备”❶ 和“准备经营该事业者”❷。《美国专利法》第 273 条（c）款（3）项明确了什么是商业性使用，即需要满足两个条件：第一，在先使用人在申请日之前已经实施发明并完成了部分投资，并且在美国国内对发明进行了实施准备工作，如购置准备所需要的土地、设备和原辅材料等。第二，在专利申请日之后，在先使用人持

---

❶ 《德国专利法》第 12 条。

❷ 《日本专利法》第 79 条。

续进行准备工作，持续投资行为，及时组织对专利技术的实质性使用❶。可见，从"必要准备"的条件看，各国规定不一，但都作出了明确的规定。我国立法应对国外有关"必要准备"的先进之处予以借鉴，对其内容规定予以明确，防止出现司法混乱、判断尺度不一致等情形。

6.3.2 有关专利先用权"必要准备"的典型案例

由于"必要准备"对于标准把握要求非常高，法院在审理具体案件时，要厘清思路、深入理解我国相关法律法规中所规定的"必要准备"的要求，并结合具体案件给予应用。以下将对围绕专利先用权"必要准备"为主要争议点的案件予以分析。

在2005年9月27日，汉王公司就"一种具有降压、降脂、定眩、定风作用的中药组合物及其制备方法和其用途"的发明创造提出专利申请。2007年3月14日，该专利申请获得授权。本案原告汉王公司提起诉讼，认为本案被告银涛公司生产、销售的药品"强力定眩胶囊"侵犯了自己的专利权。原告诉称"强力定眩胶囊"的治疗方法、处方内容、药剂类型以及药效和用途与本案专利相同。

一审法院接到诉状后，对两药的主要技术特征进行了对比，认为被告银涛公司生产的药品"强力定眩胶囊"的处方、制备方法和用途均落入本案专利权保护范围，应认定为侵犯了原告的专利权。被告随即提起先用权抗辩。❷ 与此同时，被告银涛公司提交如下证据：一是早在涉案专利申请日前，银涛公司已经就"强力定眩胶囊"药品向江西省食品药品管

❶ Gene Quinn. What Will Prior User Rights Mean for Patent Litigators? [J]. Hein On line, 2006: 201.

❷ [EB/OL]. [2013-12-6]. http://ipr.court.gov.cn/zgrmfy/zlq/201304/t20130410_153707.html.

理局申请检验，而且在2005年6月16日，江西省食品药品监督管理局出具了《“强力定眩胶囊”申报资料项目》的受理书，受理的资料中明确载明“强力定眩胶囊”所用药品的处方及制备方法、药品用途、药品效果等。二是据江西省药品检验所《药品注册检验报告表》显示，被告银涛公司已于2005年3月13日、15日、17日分三批提供了“强力定眩胶囊”的样品，供检验专用；三是江西省食品药品管理局颁发的《药品生产许可证》和《药品GMP证书》都表明被告已经完成批量生产“强力定眩胶囊”的设备。❶

在案情清楚、证据确凿面前，西安市中级人民法院作出了难以令人信服的判决。一审认为：被告提供的“药品注册申请受理通知书”，意在证明在先实施。但此受理书上写明“本件不得作其他证明使用”，其中的“其他”也应该包括对是否在先实施的证据，法院不予采信；被告是否在先购置了专用生产设备，被告不能提供证据证明。因此，被告采用先用权抗辩的理由不充分，此抗辩不能成立。判决被告承担相应的侵权责任。

对于西安市中级人民法院的判决，被告银涛公司不服，向陕西省高级人民法院提起上诉。作为二审法院的陕西省高级人民法院经审理认为，被告在专利申请之前虽然已经申请有关部门进行检验，但申请仅仅是一种想要去做的意愿，并不是准备，更不是生产，况且申请尚处于审批之中，能够获批才是准备的开始，不能获批就不会有准备。申请虽然获得批准，但批准的时间在申请专利之后。因此，被告的先用权抗辩不成立。其二审结果自然是上诉被驳回，维持一审判决。

对于二审判决，被告银涛公司不服，申请最高人民法院再审。最高人

❶ [EB/OL]. [2013-12-6]. http://www.fengxiaoqingip.com/law/zscqzhxgfxwj/zscqgfxwjzh/20130113/9051.html.

民法院认为西安市中级人民法院、陕西省高级人民法院判决不当，2011 年 12 月 13 日，最高人民法院作出裁定，指令陕西省高级人民法院再审。再审的结果我们不言自明。

笔者对本案分析认为，本案援引先用权抗辩的关键点是在专利申请日前被控侵权人“是否已经作好制造、使用的必要准备”。根据本案被告银涛公司提交的证据，第一，是在本案专利的申请日之前已经开始实施；第二，被告银涛公司确实已经做好了技术准备和生产准备；第三，被告已经完成样品的生产，向检验部门提供了样品；第四，虽然不能提供购置了生产的专用设备，鉴于被告就是生产药品的专业企业，自有设备也应该视同生产准备完成；第五，未获得生产许可不应否认必要准备的成立，如果最终未获得生产许可，被告自然不存在实质生产，也不会存在侵权事实，但事实上申请获准审批，此前的准备工作应该说是积极有效的。如果一二审法院非要抓住批件未到的话，岂不知专利申请也只是获得专利权的第一步，如此理由毫无道理。本书分析的依据是《最高人民法院关于审理侵犯专利权纠纷案件应用法律若干问题的解释》，该解释第 15 条第 2 款是关于必要准备的界定：“有下列情形之一的，人民法院应当认定属于专利法第 69 条第 (2) 项规定的已经作好制造、使用的必要准备：(1) 已经完成实施发明创造所必需的主要技术图纸或者工艺文件；(2) 已经制造或购买实施发明所需的主要设备或原材料。”

6.3.3 对“必要准备”成立标准的分析

“必要准备”是专利先用权相关法律规定中存在的争议点中较难把握的问题之一。因为它完全依赖于各个专利的不同技术特点，难易程度不同、技术含量高低不同的专利技术，自然“必要准备”的要求也就不同。另外，法律中所要求的“必要准备”毕竟未开始进行生产、投入市场，本身主观性较大，因而究竟怎样把握这个度，笔者认为首先要对其成立标准予以分析，包括对司法实践中举证责任的承担问题的认定，只有认识清楚，才能为下一步提出立法完善建议提供很好的依据。同时，由于“必要准备”本身的主观性较大，因而在司法实践中也要首先明确举证责任由哪方承担。

（1）作好“必要准备”的条件。

关于已经作好“必要准备”的界定，我国司法解释对《专利法》进行了细化，但实际操作中仍存在问题。因为“必要准备”针对的专利技术差别很大，有些是技术含量十分高的发明专利，有的则是比较简单的实用新型，在“必要准备”的要求上不能完全一致，因此，如何针对具体专利侵权案件，区别性的制定“必要准备”的标准，就显得十分重要。

第一，对于做好“必要准备”的举证责任，一般应采取分配倒置原则，由被告进行举证。关于这点，学术界的意见也比较一致。毕竟是被告在实施先用技术，被告的实施目的、实施阶段和前期准备的投资等，只有被告自己最清楚，所以举证责任赋予被告并无不妥，同样这也符合民事诉讼法规定的“谁主张，谁举证”的原则。

第二，被告在证明自己完成“必要准备”时，应当从自己已经完成了主要设备的准备、相关原料的准备、主要技术图纸或者工艺文件的准备等来进行举证。所谓的主要设备、原材料，应当是生产该产品所必需的专用设备，而不是一般的通用设备，仅仅完成了一般的通用设备不应当被认为已经“制造或者购买了所必需的主要设备”。因为一般的通用设备不但能够用来制造先用技术所实施的产品，而且也可以用来制造其他与先用技术无关的产品。同样，相关的原料也应当是实施先用技术所必需的原料，而非通用的原料。对于技术准备，这应当作为认定“必要准备”工作的核心，这也是专利侵权案件所具有的特殊性。“必要准备”诸项工作中，技术方面的准备是关键，即使厂房建设、设备购置和原材料采购等基本就绪，但没有就工艺流程设计图纸和技术文件做好准备，也不能认定为做好了必要准备。如在2001年10月，陈先生就一项除草剂向国家知识产权局专利局申请发明专利，2003年12月，经国家知识产权局专利局审查授予发明专利证书。A公司就陈先生同样的发明，在陈先生申请专利之前，完成了试生产，虽然没有进行批量生产，但已经生产出样品。在具体诉讼过程中，由于A公司既没有证据证明自己完成了技术准备和生产准备，也没有提供自己试制的样品，因此，法院不能判决A公司享有先用权。

第三，申请日是判断先用权的时间条件。能否享有先用权，要看在先使用人是否在专利申请日前已经实施该技术。如果在专利申请日前仅仅是获得该技术，并没有实质实施，不应视为享有先用权。

大多数国家都把“必要准备”规定为先用权产生的必要条件，在申请日前已经实施，一定是经过了必要准备工作，或者是正在为实施作必要准备。我国《专利法》就“必要准备”也作出了相应规定，一是在申请日前已经制造相同产品或者使用相同方法，二是在申请日前已经做好制造、使用的“必要准备”。

在案件审理中，对于第一种情况一般采取实地调查的方法，如查看车间生产记录、销售发票、出库清单等。第二种情况，需要界定必要准备的标准，在先使用人的证据是否符合必要准备，一般是审理的难点。为了解决审判实践中经常碰到的具体问题，北京市高级人民法院在2001年10月10日公布了《北京市高级人民法院关于专利侵权案件审理中若干问题的意见（试行）》，其中第96条对专利先用权制度中的“作好了制造、使用的必要准备”内容作出了解释：必要准备，是指已经完成了技术准备，包括产品图纸、工艺流程文件和设备准备，或者已经通过中试等准备工作。

2009年12月21日，最高人民法院针对《专利法》第69条第（2）项所称“已经作好制造、使用的必要准备”的规定，发布了《最高人民法院关于审理专利侵权纠纷案件若干问题的规定》的司法解释，明确指出：“必要准备”是指在先实施已经完成技术准备，如已经完成产品设计图纸、工艺流程文件准备、样品试生产及产品性能检测等；已经进行了实质性的投资，如已经自己制造设备，内部调整设备或者购买专用设备等；已经购买了生产所需的原辅材料。达到上述标准，可以视为已经做好制造、使用的必要准备。

由此可见，北京市高级人民法院的试行意见和最高人民法院的司法解释，都要求先用权人的“必要准备”内容具备以下条件：一是技术层面，必须完成了产品设计图纸和工艺文件，技术准备就绪；二是生产层面，专用特定设备已经到位（若不用特定设备，通用设备即可满足准备要求）或者已经付购置款，在试制成功后，完成了对试制产品的质量检测和各项技术性能的检测等。这些标准性规定，虽然行之有效，但从理论上讲，由于专利技术在复杂程度和技术难度上差距很大，因此，也难以适用统一的标准来衡量是否做好了“必要准备”，还需要在司法实践中具体问题具体分析。

（2）对《最高人民法院关于审理侵犯专利权纠纷案件应用法律若干问

题的解释》第 15 条第 2 款[1]的分析

首先，满足已经就发明创造进行了必要的技术准备工作，技术资料、图纸和产品相关的文件，解决了生产需要的所有技术障碍，从技术上完全可以满足生产需要的技术准备条件。如前所述，必要准备最基本的要求应该是做好了“技术准备”和“生产准备”。因此，仅符合《最高人民法院关于审理侵犯专利权纠纷案件应用法律若干问题的解释》第 15 条第 2 款第（1）项的规定并不能满足实质性的“必要准备”。但是，我们完全可以依据《解释》的第 15 条和《专利法》第 69 条第（2）项的规定来判定断先用权是否符合法律规定，原因在于《解释》的第 15 条第 3 款的规定对第 2 款的规定作了有益的补充和完善。第 3 款的规定，主要针对先用权的限制明确了先用权人的生产能力，即先用人具备正常的生产能力[2]。

对于是否需要特殊设备问题，又可以分为两种情况进行分析：第一种情况，如果在先实施不需要“特殊生产设备”，那么必要准备的关键就是技术准备，如实施发明创造所必需的主要技术图纸或者工艺文件；当然，设备没有严格界限，原辅材料应该购进到位，才可能实际上满足了《最高人民法院关于审理侵犯专利权纠纷案件应用法律若干问题的解释》的第 15 条第 2 款第（2）项的“生产准备”规定。第二种情况，在先实施需要“特殊生产设备”。在此前提下，仅完成“技术准备”而没有购置特殊设备，不能视为完成了“必要准备”。但是，我们从先用权立法目的考察，有些技

---

[1] 《最高人民法院关于审理侵犯专利权纠纷案件应用法律若干问题的解释》第 15 条包括 4 款内容，分别为：先用技术来源排除非法途径取得；认定“必要准备”成立标准满足技术准备或生产准备之一即可；继续实施的“原有范围”以原有生产规模或原有设备可以达到的生产能力为准；要求先用权只能随所属企业一并转让。可见《最高人民法院关于审理侵犯专利权纠纷案件应用法律若干问题的解释》对《专利法》第 69 条第（2）项给予了明确解读，此处，本节试图对最高人民法院关于“必要准备”作出的解释给予分析。

[2] 刘立春．论先用权中“必要准备”成立的标准［J］．电子知识产权，2012（7）：80.

术是智能性要素占重要地位的高科技，技术准备投资占比较高，技术准备已经投资巨大，甚至超过总投资的50%以上，那么，只要完成技术准备，也可以表现出在先实施人实施该技术的强烈愿望，我们没有理由因为设备和原材料不到位就取消先用权人的资格，也不能因为专利权的诞生就否认先用权的存在。因此，《最高人民法院关于审理侵犯专利权纠纷案件应用法律若干问题的解释》规定当第3款“原有范围”成立时，仅满足“技术准备”也可作为“必要准备”的成立条件，这有利于更合理的保护先用权。如此看来，综合考虑《最高人民法院关于审理侵犯专利权纠纷案件应用法律若干问题的解释》的第15条内容，可以全面对“必要准备”作出合理解释。

其次，满足的生产条件的分析。最高人民法院的《最高人民法院关于审理侵犯专利权纠纷案件应用法律若干问题的解释》中第15条第3款为判断“必要准备”成立与否提供了合理的依据。正如前面提到的，实质性的生产行为必须符合智能元素和实质要件，而且在专利技术领域，没有前一种情况是无法实现生产行为的[1]。如果甲在先使用技术与乙在后申请的专利技术大致相同，实施技术的设备和原料也一样，此时，甲即使没有在专利申请日前掌握乙的技术，但如果甲已经购进了设备和原材料，又符合先用权的其他条件，那么就既满足《最高人民法院关于审理侵犯专利权纠纷案件应用法律若干问题的解释》第15条第2款第（2）项的“必要准备”成立的标准，又符合《专利法》第69条第（2）项的规定，得出甲的“先用权”成立的结论。这样的后果是具备生产能力，但缺少可靠的技术方案，仍然难以真正实施。

（3）《最高人民法院关于审理侵犯专利权纠纷案件应用法律若干问题

[1] 中华人民共和国国家知识产权局．专利审查指南［M］．北京：知识产权出版社，2010：281.

的解释》选择"准两要件"作为"必要准备"成立条件。

"三要件说"是在两要件基础上增加了一个要件，即在"技术准备"和"生产准备"的基础上，认为还应该增加"完成样品试制"的准备工作。持三要件观点的学者认为，一是仅有技术和设备未必可以顺利投产，中试环节不可缺少；二是依照《专利法》规定，申请专利的技术方案并非马上实施的技术方案，不少专利技术距离投产确实差距较大；三是完成产品试样，不仅标志着技术的成熟度，而且只有具备了成功实验才表示准备条件实质完成。但是，最高人民法院的《最高人民法院关于审理侵犯专利权纠纷案件应用法律若干问题的解释》为什么却选择了"准两要件说"，除以上（1）、（2）已论述的原因外，笔者认为可能还有以下原因：

第一，相对于部分产品而言，"完成样品的试制"并非易事，同样需要设备和原材料，对于先用权人而言无疑是一种大的浪费。如果一定要把产品试制作为"必要准备"的一个条件，并将此生产规模作为确定继续实施中"原有范围"的参考，那将对先用权人更为不利。

第二，"完成样品试制"与"技术准备"在内容上相重复。一般情况下，后者应该包括前者，没有进行样品试制的技术准备应该是不彻底的、不完整的。那么，如果已经规定了必须完成技术准备，再规定样品试制的完成似乎不必要了。

第三，《最高人民法院关于审理侵犯专利权纠纷案件应用法律若干问题的解释》对两要件说或三要件说并不是完全采纳，因为司法解释主要为了解决《专利法》第69条第（2）项对先用权判断标准的问题，"必要准备"的界定只是几个问题中的一个，必须与先用权成立的其他几个要件结合起来进行判定，具体规定中还必须考虑利益平衡原则。因此选择了"准两要件说"。

6.3.4 关于“必要准备”标准界定的立法完善建议

如上所述，司法机关根据《最高人民法院关于审理侵犯专利权纠纷案件应用法律若干问题的解释》中设立第 15 条的出发点和先用权的立法目的选择了“准两要件说”来判定“必要准备”是否成立，尽管前面的分析证明《最高人民法院关于审理侵犯专利权纠纷案件应用法律若干问题的解释》的选择有它的合理性，但也不能掩盖其因此产生的法律疏漏。为此笔者建议从客观实际出发。这一观点也体现在今后的立法建议中。

（1）先用权与四个成立要件的关系。

先用权与四个成立要件之间，既存在内在统一的关系，四个要件又是相互独立的。所谓内在统一是指四个成立要件在考量先用权是否成立时应该作为一个整体去构建，不能分割考虑；其相互独立在于先用权本身和四个成立要件都具有各自成立的具体标准，其内容和形式都具有独立性，只有四要件独立存在，才可以判断先用权是否成立。如果四个成立要件不能相互独立，也不能相互弥补，就难以得出合理的结论，从而影响法律的公正性。

具体分析《最高人民法院关于审理侵犯专利权纠纷案件应用法律若干问题的解释》的第 15 条，在具体规定上，过分强调了四个成立要件的统一性、整体性，忽视了四个要件的独立性，致使法律具体规定上的疏漏和逻辑上的混乱，因此，本书建议界定“必要准备”一定要满足实质性条件。《最高人民法院关于审理侵犯专利权纠纷案件应用法律若干问题的解释》第 15 条给予了先用人一定的灵活性，以保证公平的立法取向，是值得肯定的。

（2）关于“必要准备”要件的具体修改建议。

不论采用司法解释还是实施细则，都应该对《专利法》第 69 条规定进行细化。在此，主要针对已有的司法解释第 15 条第 2 款提出具体修改意见。

《专利法》第 69 条第（2）项规定的已经作好制造、使用的必要准备：一是已经完成实施发明创造所必需的主要技术图纸或者工艺文件；二是已经完成或正在进行实施发明创造所必需的主要设备或者原材料的实质性准备。《最高人民法院关于审理侵犯专利权纠纷案件应用法律若干问题的解释》第 15 条进行了具体规定，其中条文上需加以修改：

第一，《最高人民法院关于审理侵犯专利权纠纷案件应用法律若干问题的解释》第 15 条第 2 款第（2）项的“生产准备”，原来规定“必须完成准备”，建议修改为“正在进行实质性准备”。因为任何一项新技术的实施，一般其“生产准备”需要的时间较长，在发明人提出专利申请之前全面完成生产准备，这一要求偏高，有可能难以保障先用权人的前期投资。

第二，《最高人民法院关于审理侵犯专利权纠纷案件应用法律若干问题的解释》第 15 条第 2 款规定，符合“必要准备”的条件是完成“技术准备”或“生产准备”之一即可。建议“必要准备”的条件完善为“已经完成技术准备，已经做好或正在进行生产准备”。通过条款完善，不仅符合先用权判定逻辑上的独立性要求，而且避免了仅具备生产条件的先用人可随时主张先用权，造成先用权滥用的情形。

6.4 关于专利先用权“原有范围”的界定

关于先用权“原有范围”的界定问题，我国很长一段时间都采用量化标准，专利先用权制度一直没有突破这一规定。但随着先用权纠纷和案件的增加，随着司法实践问题所引起的思考，理论界和实践界开始对“原有范围”的量化标准产生了质疑，如以陈子龙先生为代表的学者们认为：“原有范围”的量化规定与先用权法律制度精神相悖。可见，学界已逐渐意识到，以量化标准来界定“原有范围”过分限制了先用权人的权利范围，此种限制不但有违公平原则，同时也违背了市场经济规律。对先用权人的利益不给予合理保护，必然严重打击社会上那部分通过自主研发而又不申请专利的研发主体的权利。

专利权人和先用权人都是掌握专利技术的技术巨人，只是因为专利权人申请并获得了专利，他就成了踩在一个个巨人肩膀上的赢者。然而，广大的先用权人，作为社会中的大部分，他们对社会经济和技术的发展显然不容忽视。专利制度制定的目的不仅是追求专利数量，更是促进技术发展和推广应用。因此专利制度只有提供先用权制度一个公平合理的平台，才能真正激发全体社会主体的技术创造热情。所以说，对先用权采取量化限制，不但过分偏袒了专利权人的利益，压制了先用人的发展，同时剥夺了先用权作为一种独立权利所应具有的基本发展权。同时，“量”的限制也捆绑住了在先使用技术企业发展的手脚，使其在市场经济的大潮中覆没，那么法律所赋予先用权的生存权也就不复存在。因此，笔者在此部分试图提供先用权人在一个公平的法律环境下，与已经取得垄断地位的专利权人进行良性竞争。以下将通过对国外规定的借鉴以及我国过往依据量化标准而判决的案例给予分析，试图为下文的具体完善内容提供理论和实务依据。

6.4.1 国外关于专利先用权“原有范围”的相关规定

目前，除了极个别国家对于先用权继续实施的范围给予“原有产量”

"原有生产能力"的规定外，其他大多数国家都不将先用权局限于"原有规模"。

《德国专利法》没有对先用权的实施范围作出限制性的规定，先用权人可以在本事业发展范围内加以实施，法律没有提及必须在原有范围内实施。还进一步具体规定，先用权人不仅自己可以任意实施，而且还可以在第三人的企业实施其专利技术，但不是许可他人使用，更不能将技术使用权转让他人❶。《德国专利法》为此作出规定被确认享有先用权的先用权人其继续实施只能是自己实施，不能像专利权人一样有偿许可他人实施，或者把专利转让给第三人。因为对先用权人最大的限制就是仅允许自己实施，也即先用权仅仅是一种实施权。实施权的具体范围并不作限制，可以在申请日后任意扩大生产规模，而不受专利权人节制。

《法国专利法》对先用权的限制较少，法律只规定善意拥有的专利技术赋予的先用权，先用权人可以继续实施，具有合法性。❷ 为此，有法国学者就解释说，申请专利可以获得一项权利，在申请前占有同样可以获得一项权利，先前占有者一样拥有发明，并且继续实施不受原有产量限制。这种捷足先登颇具价值。

《日本专利法》关于先用权的实施范围要求先用权人可以在所实施的该发明的范围和事业范围内，不能超出该发明和事业范围。❸ 发明的范围是指原发明的范围，即在先实施技术所在的范围，而不是专利技术的范围。因为在先使用的技术并不一定与专利技术完全一致，如果先用权的权利范围仅是专利权权利要求书的一部分，那么，在先权利实施只能在原权利范围

❶ 《德国专利法》第 12 条。

❷ 《法国专利法》第 31 条。

❸ 《日本专利法》第 79 条。

内进行，而不能实施专利权利要求书中的其他权利内容，如专利权利要求书中，既有主权利，又有从属权利，先用权覆盖了主权利，但并没有覆盖从属权利，因此，专利中从属权利不应该成为先用权的权利范围内。如果，先用权人超越了等同权利的范围，则视为侵犯了专利权。还有一种情况，如果先用权的范围全面覆盖专利权的范围，先用权人的超范围使用或技术再创新，都不应该视为侵犯专利权。事业目的的范围和德国、法国的规定内涵基本一致，是指先用权限制在同领域进行，如在先是用于制造轮船的技术不允许用于制造飞机。可见，日本先用权的实施范围没有规定原有规模不能超越，仅限制在原有事业或预案实施产业、领域进行，不能跨行业、跨领域实施。借用日本学者纹谷畅男对先用权实施范围的解释，在先使用如果在烧碱生产事业进行，继续实施不能延及钢铁行业、锻造行业或其他领域。日本法院在实际判决中也是据此判决的。

美国关于“原有范围”的规定，体现在《美国专利法》第 273 条（e）款（3）项的规定中，“此条所称先用权抗辩，并不是对专利权所有权利要求之总许可，而是仅仅延伸到其中的符合本条要求的特定主题。

另外，先用权抗辩可延伸至此特定主题在原有数量和规模上的扩张性商业使用，先用权抗辩主体还可对原技术主题有所改进，只要该改进技术主题没有侵犯其他特定专利权。”可见，美国关于继续范围没有做“原有范围”内的量化限制，甚至还可以改进技术，扩大商业使用，只是前提要求不侵犯其他专利权人的权利。另外，英国、澳大利亚都没有对继续实施范围给予“原有范围”的量化限制，只要求在原有领域内实施即可。只有巴西和意大利的《专利法》中分别以“原来的规模”和“先用范围”来对先用权的实施范围加以限制，这样的规定与我国《专利法》中“原有范围”的规定如出一辙。但是本书认为，日本关于先用权继续实施范围而给予的不能超出发明和事业范围更加合理，具体证明性论述将在下文进行。

6.4.2 有关专利先用权“原有范围”的典型案例

如上文所述，由于我国《专利法》关于先用权实施范围给予“原有范围”的模糊规定，从而在司法实践中，完全由法官自由裁量“原有范围”的标准，而这一标准很长一段时间都是以数量规定取代了事物本身所具有的质的规定性。以下将对依据“原有范围”量化标准判案的典型案例加以分析。

案例一：1985 年 7 月 18 日，甲箱包厂向国家知识产权局专利局申请一项实用新型专利，权利客体是“防虫防腐箱包”。1986 年 7 月 30 日获得授权。乙樟木衣箱厂在 1985 年 5 月 5 日前独立研制出与专利产品相同的产品，并及时进行了准备、试生产，从 1986 年开始进一步扩大生产规模，大大超出该专利申请前的生产规模。甲箱包厂发现市场上有与自己专利产品相同产品后，认为乙侵犯了自己的专利权，1987 年 9 月向法院提起诉讼。一审法院经过调查取证，首先认定乙樟木衣箱厂确实在先使用了专利技术，依法享有专利先用权。但是，先用权实施范围规定应该保持申请前的生产能力。乙 1986 年的扩大规模显然超出了原有范围的限制。判决被告承担部分侵权责任。[1]

上述案例的判决就是严格按照北京市高级人民法院颁布的《北京市高级人民法院关于专利侵权判定若干问题的意见（试行）》进行的，意见中第 96 条第 2 款就先用权的“原有范围”作出了规定，原有范围就是原有专用生产设备的实际生产能力。如果在申请日后扩大生产能力就不符合“原

[1] 张高于．一件超出原有范围使用“先用权”的侵权案例［J］．工业产权，1989（2）：49.

有范围”的规定。本案例是典型的将原有范围量化规定的判决，对独立完成发明的在先使用人似乎不够公平。在我国类似此判决的案例十分普遍，由此也可以看出先用权立法的缺憾。

案例二：本案例是有关“原有范围”究竟如何确定的代表性案例。即王孝忠等诉广西南宁市中高糖机设备制造有限公司侵犯实用新型专利权案。南宁市中级人民法院判决中高公司享有先用权，不视为对王孝忠等的专利权的侵犯。

王孝忠等不服南宁市中级人民法院的一审判决，向广西壮族自治区高级人民法院提起上诉。广西壮族自治区高级人民法院对上诉人王孝忠、上诉人知新公司的上诉理由和被上诉人中高公司的答辩意见进行了认真查阅，发现双方争议的焦点是先用权的“原有范围”问题。被上诉人中高公司对直冷式压榨机轴瓦技术享有先用权的范围如何确定？上诉人王孝忠等提供的两项证据中，有一项直指被上诉人中高公司在专利权人申请专利后扩大了生产规模，表现在：一是扩大了销售客户，专利申请日前仅销售给两家购货公司，现在扩大了一家公司；二是专利申请前生产能力是4套压蔗机轴瓦，不能超出此范围；三是请求二审法院对被告的生产能力进行界定，判决被告回归原生产能力；四是请求法院认定被告超出原有范围生产的侵权行为，并判决其就侵权行为承担10万元的赔偿责任。

被告中高公司围绕自己拥有的生产设备、技术力量、经济实力、生产能力和市场地位提供了10项证据。被告中高公司认为，“原有范围”既可以理解为生产能力，又应该理解为原有设备的实际生产能力。根据《专利法》和最高人民法院的司法解释，不应该孤立的将“原有范围”理解为申请前的原有产量。当先用权人原有产量并没有达到已有设备的生产能力时，原有产量应该是设备所能实现的产能。因此，维持原有设备可以达到的生产能力应该被认定为没有超出“原有范围”。广西壮族自治区高级人民法院通过原被告辩论，作出了判决：首先，认定被告中高公司对原告王孝忠的“直冷式压蔗机”实用新型专利享有先用权。双方争议的先用权的范围，原告要求被告中高公司的先用权范围，产量上限于年产 4 套压蔗机轴瓦，销售范围仅仅限于隆安南牙糖厂、田阳糖厂，此要求过于苛刻，既不利于维护先用权人的合法权益，也不利于保护先用权人投资利益。被告中高公司以基本的设备能力来评估自身正常的生产能力，其结果是比较客观和合理的。最终，二审法院认为，上诉人对先用权“原有范围”的理解是片面的，明确支持了中高公司的关于将设备能够实现的生产能力作为“原有范围”的观点❶。

从以上两个案例的结论可以看出，两个判决都是法院给原有范围执行了量化的规定，即以原有生产设备的实际生产能力作为原有范围。司法实践中，也有司法机关依据最高人民法院司法解释和《专利法》第 69 条第（2）项规定，提出：先用权确定之后，不以此前的实际生产能力作为原有范围，而是将扩大规模也视原有范围。

6.4.3 “原有范围”的合理界定

建议将“原有范围”修改为“发明创造的事业范围”。先用权“原有范围”如何界定，直接影响到先用权的实施利益，也是先用权制度的关键点。因为“原有范围”的设定，直接关系到专利权人、先用权人与社会公众的利益平衡，而以原有产量来限制先用权的继续发展，会造成先用权人和专利权人利益的严重不平衡。

❶ ［EB/OL］.［2014-1-17］. http：//www.110.com/panli/panli_ 16603.html.

首先，我国以实际生产能力来确定“原有范围”存在弊端。具体来说，先用权因为技术来源不同、实施程度不同、权利客体不同，其权能也应该有所区别，所以不同的先用权应该给予不同的“原有范围”，如对独立完成发明的先用权人就应该给予宽松的范围限制。不论先用权如何，都给予一律规定生产能力限制明显不妥。而且国外已经就“原有范围”提出了质的规定，允许先用权人在原事业范围内继续实施。此外，我国长期以来，对先用权继续实施范围仅作原则规定，任由法官自由理解，使相同的案件获得了不同的判决，甚至截然相反的判决，已经影响到法律的严肃性，影响到相关权利人的正当利益。

其次，对“原有范围”量化限定不符合先用权立法初衷。任何一项新产品的诞生，无不需要通过研制、试制、投产的过程，其生产规模应该通过市场需要来决定。法律强行按照原有范围来限定，明显不符合市场规律。如果真要硬性规定只能按照申请日前的规模组织生产，不讲市场需要，那么，这实际上是不顾代表公众利益的市场需要，不尊重生产过程反映的市场规律，不保护先用权人的商业投资，受偏袒的是专利权人。

最后，对原有权利范围的限定。即使是在先单独完成发明创造的先用权人，其权利范围也必须进行限制，而不能享有与专利权人相同的权利。这不仅仅是因为先用权人不是单个主体，一项专利的先用权人可能是多个主体，即几个主体就一项专利都享有先用权，而是依照《专利法》规定，专利权人具有自己实施，或许可他人实施，或转让他人实施，任何人未经专利权人许可都不得擅自实施专利权。先用权人仅仅享有一种制造、使用和由此派生的销售、许诺销售权。这是“专有权”与“专用权”的区别。因此，法律应当限定，先用权仅是一种专用权，而不是专有权，先用权人不得对仅有使用权的技术实施许可第三人使用或者转让第三人，仅可以随先用权人的企业一同转让或继承。[1] 这一权利限定已成为世界各国通用做法，我国在先用权立法中也应予以明确。

6.4.4 采用成本效益数学分析方式区别界定“原有范围”不同标准的立法建议

“原有范围”的核心问题是标准问题，即采取量化还是质化标准，本书认为，既需要考虑到《专利法》对于专利权人利益的保护，不能允许不同的先用权人一律在原事业目的范围内扩大生产规模；又要考虑先用权立法宗旨，对先用权继续实施的范围严加限制，从而损害先用权人的利益。因此，本书建议，应根据先用技术来源的不同情况，来区别界定“原有范围”的标准：

第一，若先用技术是先用权人独立完成的，其权利范围相对专利权而言，先用权人只享有制造权、使用权，因而在此情况下，其实施范围不局限于申请日前原有的生产规模。为了更好地说明，将通过成本效益数学分析方式建立数模，来证明此情况下突破原有规模进行生产的合理性。

假设：

①只有一个先发明人的厂商 A 及已获得专利权的权利人 B。

②假设专利权人发放了 n 个许可证，厂商 C 为获得许可证的其中一人。

③先发明人和专利权人技术完全相同，生产方式也相同，其开发成本皆为 C_a。

---

[1] Donald S. Chisum, et al, Principles of Patent Law [M]. Second Edition, Foundation Press, 2001: 1201. Lionel Bently and Brad Sherman. Intellectual Property Law [M]. London: Oxford University Press, 2001: 509.

④厂商 A 的生产成本为 $C(y)+C_1(y)$

—$C(y)$ 为产品生产成本，即：可变成本+不可变成本+C_a

—$C_1(y)$ 为保密成本

⑤B 的生产成本为 $C(y)+C_b(y)$

—$C(y)$ 同④中的说明

—$C_b(y)$ 为申请专利的费用成本

⑥C 的生产成本为 $C(y)+C_c(y)$

—$C(y)$ 同④中的说明

—$C_c(y)$ 为交付的专利许可证费用

因为 $C_1(y)$、$C_b(y)$、$C_c(y)$ 为常数，即一次性投入后，将终身受益，那么在不限制生产的情况下，$C_1(y)$、$C_b(y)$、$C_c(y)$ 可忽略不计。

设每件产品进入市场后价格一样，那么 A、B、C 获利将相同。但值得注意的是 B 比 A 和 C 的收益明显多一项，即 B 比 A 和 C 多了专利许可费收入，所以 B 收入最高。

通过这种情况的分析，我们可以看出，先用权的存在肯定会分配掉专利权人的市场份额，因此专利权人只有多发放许可证，才能获更多利益，而专利许可证的增多发放，提高了技术利用率，促进了专利技术转化为生产力，真正实现了专利法的立法目的。

第二，若是通过委托开发合同，先用权人作为委托方获得先用技术。一般在此情况下，该开发技术的动议是先用权人（即委托方）提出的，被委托方只是进行了技术难关的攻克，而且，先用权人（即委托方）支付了研发费用，承担了研发风险。因此，在此情况下，若被委托方后来成了专利权人，那么先用权人既可以不受“原有范围”“原有规模”“原有产量”的限制，在事业目的范围内扩大生产，也可以通过合营方式，寻求其他企业共同实施该技术。为了更好地说明，将通过成本效益数学分析方式，来证明此种情况的合理性。

假设：

①只有一个先用权人 A 及已获得专利权的权利人 B。

②假设专利权人发放了 n 个许可证，厂商 C 为获得许可证的其中一人。

③先发明人和专利权人技术完全相同，生产方式也相同，其开发成本皆为 C_a。

④A 的生产成本为 $C(y)+C_1(y)$

—$C(y)$ 为产品生产成本，即：可变成本+不可变成本+C_a

—$C_1(y)$ 为保密成本

⑤B 的生产成本为 $C'(y)+C_b(y)$

—$C'(y)$ 为产品生产成本，但值得注意的是 $C'(y)+C_a=C(y)$

—$C_b(y)$ 为申请专利的成本

⑥C 的生产成本为 $C'(y)+C_c(y)$

—$C'(y)$ 同⑤中的说明

—$C_c(y)$ 为许可费成本

因为 $C_1(y)$、$C_b(y)$、$C_c(y)$ 为常数，同第一种情况所述，可忽略不计。那么观察 A、B、C 的生产成本，显然 A 的成本要高于 B 和 C，即多在了 C_a（开发成本）上，在一定情况下，C_a 将是比较大的一笔开支。在不限制生产的情况下，设每件产品进入市场的价格相同，那么 A、B、C 获利将相同。但值得注意的是，因为 A 比 B、C 多了开发成本 C_a，B 又比 A 在获得利润时多了许可证使用费。同时 A 不但向 B 支付了开发成本 C_a，也支付了委托 B 开发的一定报酬。因此为了尽量在最终获得纯利润时，A、B 达到平衡，因此本书建议，此种情况下的 A 将不但不受“原有范围”的限制，同时可以通过合营方式，寻求其他企业共同实施该技术。

第三，若是善意从其他发明人处获得，先用技术的继续实施将不受到“原有范围”的限制。为了更好地说明，也将通过成本效益数学分析方式，来证明此种情况的合理性。

假设：

①只有一个先发明人 A、已获得专利权的权利人 B 及从 A 处获得发明创造的先用权人 D。

②假设专利权人发放了 n 个许可证，厂商 C 为获得许可证的其中一人。

③先发明人和专利权人技术完全相同，先用权人和专利权人的生产方式也相同，其开发成本皆为 C_a。

先用权人 D 的生产成本为 $C''(y)+C_1(y)$

—$C''(y)$ 为产品生产成本，即：可变成本+不可变成本+C_a+C_d

—$C_1(y)$ 为保密成本

—C_d 为先用权人支付给先发明人转让发明创造的费用

④B 的生产成本为 $C(y)+C_b(y)$

—$C(y)$ 为产品生产成本，即：可变成本+不变成本+C_a

—$C_b(y)$ 为申请专利的费用成本

⑤C 的成本为 $C(y)+C_c(y)$

—$C(y)$ 同④中的说明

—$C_c(y)$ 为交付的专利许可证费用

因为 $C_1(y)$、$C_b(y)$、$C_c(y)$、C_d 为常数，同第一种情况所述，可忽略不计。那么观察 D、B、C 的生产成本，显然 D 的成本要高于 B 和 C，即多在了 C_d（转让开发技术的费用成本）上。

设每件产品进入市场后价格一样，那么 D、B、C 获利将相同。但值得注意的是B比D和C的收益明显多一项，即B比D和C多了专利许可费收入，所以B收入最高。C为了获得专利许可，向B支付了许可使用费；D为了从其他独立发明人处获得该发明创造，向先发明人A支付了转让费。在一定程度上，转让费用是要高于许可使用费用的。那么如同C有权扩大生产规模一样，D的生产产量也不应受到“原有范围”的限制。因为先用权人D是从或许比专利权人B更早完成发明创造的发明人A处获得先用技术的，只是由于受先申请制原则的制约，B成了专利权人，D成了先用权人。在这种情况下，先用权人的继续实施行为是不受“原有范围”的量化限制的，即可以扩大生产规模、提高产量。

第四，若是善意从专利权人处获得，比如通过新颖性宽限期、通过给予专利权人借贷资金等方式而得知该技术等，则先用权人的实施应保持在原有范围内进行。为了更好地说明此论断的合理性，以下也将通过成本效益数学分析方式来给予证明。

善意从专利权人处获得，区分两种情况：

第一种，先用权人通过新颖性宽限期获得专利技术。

假设：

①只有一个先发明人的厂商A及已获得专利权的权利人B。

②假设专利权人发放了n个许可证，厂商C为获得许可证的其中一人。

③先发明人和专利权人技术完全相同，生产方式也相同，其开发成本皆为C_a。

④A的生产成本为$C''(y)+C_1(y)$

—$C''(y)$为产品生产成本，即：可变成本+不变成本。注：此时没有C_a

—$C_1(y)$为保密成本

⑤B 的生产成本为 $C(y)+C_b(y)$

—$C(y)$ 为产品生产成本，即：可变成本+不可变成本+C_a　注：$C(y)=C''(y)+C_a$

—$C_b(y)$ 为申请专利的费用成本

⑥C 的生产成本为 $C(y)+C_c(y)$

—$C(y)$ 为产品生产成本，即：可变成本+不可变成本+C_a

—$C_c(y)$ 为交付的专利许可证费用

比较 A、B 的成本，B 比 A 多 C_a，并且 C_a 在一定情况下将花费不少费用。因此，为了 A、B 在获得纯利润方面更为合理，此时对 A 的“原有范围”应加以量化限制。

第二种，先用权人通过借贷资金给专利权人等方式，从而获得先用技术。

假设：

①只有一个先发明人的厂商 A 及已获得专利权的权利人 B。

②假设专利权人发放了 n 个许可证，厂商 C 为获得许可证的其中一人。

③先发明人和专利权人技术完全相同，生产方式也相同，其开发成本皆为 C_a。

④A 的生产成本为 $C''(y)+C_1(y)$

—$C''(y)$ 为产品生产成本，即：可变成本+不变成本。注：此时没有 C_a

—$C_1(y)$ 为保密成本

⑤B 的生产成本为 $C(y)+C_b(y)$

—$C(y)$ 为产品生产成本，即：可变成本+不可变成本+C_a　注：$C(y)=C''(y)+C_a$

—C_b（y）为申请专利的费用成本

⑥C 的生产成本为 C（y）$+C_c$（y）

—C（y）为产品生产成本，即：可变成本+不可变成本+C_a

—C_c（y）为交付的专利许可证费用

尽管 A 借贷资金给 B，但是 B 肯定也已给 A 偿还了贷款。此时 B 比 A 多 C_a，并且 C_a 在一定情况下将花费不少费用，因此为了 A、B 在获得纯利润方面更为合理，此时对 A 的“原有范围”加以量化限制。

通过以上的分析发现，不论 A 是通过新颖性宽限期，还是贷款方式从 B 获得专利技术，其产量都将被限制，从而鼓励更多人独立开发技术，这也是为社会发展和技术进步做贡献。

6.5 构建专利先用权证制度的建议

鉴于专利先用权是一种独立的权利，是一种实施性的专用权，借鉴专利权证的管理办法，为了主动协调先用权人和专利权人之间的纠纷，建议给专利先用权人颁发先用权证书，通过在证书上明确先用权的种类、权利范围和实施范围，界定先用权和专利权的界限。构建该制度是笔者一个全新的想法。

6.5.1 构建专利先用权证制度的意义及依据

讨论专利先用权证制度，首先需要明确其构建是否具有价值，并且是否有存在根据，以下将对其构建意义和依据给予详细论述。

（1）构建先用权证书制度的意义。

在我国，构建专利先用权证制度具有深远意义。

首先，颁发专利先用权证，有利于表明先用权人的身份，保护先用权人的合法权益。专利先用权人虽然不是专利的所有权人，但是，其享有继续使用专利技术、制造专利产品的权利，且既不需要经专利权人同意，又不需要向专利权人支付使用费用。在专利法修改草案中，虽然在先使用者的权利没有实现突破，仍然作为一种侵权抗辩放置在侵权例外情形中，但是不能否认它具有自身的权利范围，并由法律来设定权利边界，❶ 是相对于专利权存在的一种独立权利。

其次，颁发专利先用权证，是对专利权人利益的保护。从先用权人角度看，颁发先用权证是对专利权的限制。但从专利权人角度看，先用权证既体现了先用权人的资格证，又是限制先用权的规定，因为先用权证上明确规定了先用权的范围。由此可见，先用权证制度就是调节和明确专利权人和在先使用人的利益关系，同样对保护专利权人利益发挥着重要作用。再次，颁发专利先用权证，持续保障了专利先用权的实施。一是可以减轻先用权人证明其权利的负担，向社会表明该在先使用是一项受法律保护的专用权利；二是避免了销售企业和市场对先用权人所制造产品的侵权怀疑；三是先用权证作为实施先用权的指引，给先用权人制造什么、制造多少作出了界定，减少了先用权人和专利权人之间的冲突。

再次，专利先用权证书是一种侵权免责证书，可以避免行政和司法资源的浪费，也证明了颁发先用权证的可行性。基于专利权和先用权的客体存在完全一致性，对于专利先用权，无论是主动界定还是被动确认，都不

---

❶ 王凌红．先用权制度探析［J］．电子知识产权，2010（11）：92.

需要对先用权的客体进行实质审查，只要证明先用权申请人的在先使用，就可以确认先用权的合法性。

最后，通过颁发专利先用权证，有利于促进专利应用。应用是专利的生命，遗憾的是我国专利应用率较低，近80%的授权专利都是沉睡的专利。试想，这80%的专利中如果出现在先使用人，岂不正体现了专利的价值吗？专利权人不实施，鼓励在先使用人的实施就应该是合情合理的事。那么，给在先使用人颁发专利先用权证无疑就是促进专利应用。

在此值得一提的是，现实中的先用权与专利权也不是完全对立的。我们知道，获得专利权的专利仅是一个可以实施的技术方案，法律并没有要求专利可以马上实施，因此，作为专利技术到转化为生产力，还有相当大的距离。先用权获得的前提是先用权人已经在先实施了该技术或起码是为实施该技术做好了必要准备。当先用权人获得了先用权证时，专利权人可以根据专利行政部门所记载的先用技术的在先实施情况，与先用权人就技术实施中的问题或缺陷进行探讨、研究，甚至是创新后的运用，我们说这无疑对于促进专利转化和运用具有非常积极的作用。

（2）实施先用权证制度的依据。

构建先用权证制度依据充分，笔者认为：

第一，由国家知识产权局专利局依法定程序登记并授予先用权人的证明文书是对先用权的公示。权利公示虽起源于物权领域，但先用权的公示区别于物权公示制度。物权的标的是有体物，《物权法》的功能是对稀缺性资源“定纷止争，物尽其用”，审查重点是权属关系的确定。[1] 如不动产登记中的房屋，合法建成后的初始登记，即申请房屋所有权，必须提交申请

[1] 邱曼丽，哈斯．专利证书（专利登记簿副本）在专利权属纠纷中证明力的探讨［J］．知识产权，2009（5）：56.

人身份证、土地证、规划证、建设许可证和竣工验收证明等必要材料。如果申请房屋所有权转移登记，除提交申请人身份证、房产证书等外，还应提供房产转移的合同，或者法院判决书等证明房产需要转移的材料。可见，房屋登记审查的内容既有证明产权归属的材料，又有申请人身份及产权转移合同等实质性内容。而先用权的客体与其等同的专利权客体一样都是无形的智力成果，国家知识产权局专利局依法定程序对其可专利性进行审查，如在对发明的“新颖性、创造性、实用性”进行实质审查；对实用新型、外观设计进行的形式审查，都需要提供相关资料。先用权审查是在已经对专利权形成授权结论的基础上作出的，符合先用权条件，即予以登记并出具证明。但需要注意的是，对先用权的被动确认需要根据先用权人提供的被控侵权材料、在先使用证据等一些文件来进行形式上的确认，审查的内容决定了公示的效力范围。

第二，为了更好地说明颁发先用权证的合理性和积极性，本书试图通过与专利权证的功能进行比较。《专利法》通过赋予发明创造者专利而换取专利技术的公开应用。专利权证作为国家知识产权局专利局颁发的确权证书，它的存在既要起到保护专利的作用，同时也是促使专利权得以应用。有的学者误认为专利登记的真正目的是使专利得以许可、转让，认为只有此种形式的专利利用，才不枉费国家知识产权局专利局繁杂的审批登记程序，专利登记才有其真正的价值。其实不然，专利权人实施应用专利的方式，一般包括：本人实施、许可他人实施、转让等。若只以许可、转让考察专利证存在的价值，将是对专利制度本身的误读。如清华大学就一台机械设备申请了 20 多项专利，其中只有一项核心专利是用来实施应用的，其他专利都是对核心专利的保护。如果按照以上学者的观点，此类只是起到保护核心技术的专利登记难道就不具有价值了吗？如果真是如此，那么按照此观点，先用权作为不得许可、限制转让的在先实施应用的侵权例外，给其颁发证书岂不更无必要了。要知道颁发先用权证书，不仅是具有侵权免责的功能，更多的是对先用权人实施应用的认可，就如同对专利权给予保护、应用的认可一样。本书所谈的先用权证的颁发，虽然需要经过国家知识产权局专利局的审批程序，由国家知识产权局专利局颁发证书，但其权利的获得是在符合先用权成立的条件下，法律对先用权的一种承认，甚至可以说是专利权人对先用权人的一种默示许可。如果仅以不具备许可功能就否定颁证的必要，那么显然是对专利制度本身的一种误读。更何况法律对于先用权的继续实施应用是绝对认可的，允许其随企业整体或所属事业部门部分转让。可见，不允许先用权许可并对其转让给予限制，完全是出于《专利法》保护专利权人利益不受损害的目的。关于对先用权应用的认可，德国和日本的专利法中还规定，允许先用权人通过订货合同请拥有生产设备的第三人代自己生产专利产品。即允许先用权人在他人的工厂内实施该专利，也就是将先用权暂时让渡给第三人。若专利权人提出侵权指控，第三人可援引先用权进行抗辩。可见，国外的法律对于先用权扩大应用都是给予肯定的。谈论先用权证颁发的依据，我们还可考虑先用权和推广应用、强制许可都是作为对专利权限制的方式而存在，尽管三者目的不同，但是最终结果都是为了使技术得以应用。而目前在专利权限制的实际执行中，无论是推广应用，还是强制许可，都是通过颁发证书来确定实施单位的，对先用权的认可和落实也同样可以通过颁发证书来减少纷争。第三，在世界范围内，更直接的借鉴是《荷兰专利法》第 25 条第 3 款明确规定，本国公民只要符合先用权要求的，都可以依法向国家知识产权局专利局申请先用权证。具体程序是先用权人将享有先用权的证据提交给国家知识产权局专利局，经过国家知识产权局专利局审查，获得通过后颁发先用权证。荷兰的先用权证也是要式凭证，上面的内容都是法律规定的。日本虽然在法条中未明确规定先用权证书，但是法律规定赋予先用权人的普遍实施权，实质上相当于颁发了先用权人先用证书。如《日本专利法》中明确通过诉讼确认先用权。这种“确认诉讼”在一定程度上起到了“注册”和登记的作用，通过这种“注册”赋予并明确了先用权独立权能的界限，同时也说明，先用权并不是必须只有当专利权人提出侵权控告时才能主张的。

6.5.2 专利先用权证的申请和审查

专利权的授予需要经过一定的审查和批准程序，专利先用权证的申请、审查和颁发也不例外，必须经过先用权人申请和法定部门审查和批准。笔者认为，对于发明、实用新型和外观设计应采用不同的程序。

（1）先用权证的取得方式。

相对于发明专利的先用权证取得方式。笔者认为可以规定为主动申请取得和被动申请取得两种方式。关于主动申请取得，应该借鉴我国专利法规定的延迟审查制，即对发明专利实行的是早期公开、请求审查制。通常情况下，国家知识产权局专利局对于申请文件齐全、申请手续合格的申请，经过保密审查❶、初步审查等程序审查合格，对不需做保密处理的，国家知识产权局专利局将在自申请日起（有优先权的自优先权日起）满 18 个月后公布该申请❷。在申请日起（有优先权的自优先权日起）3 年内，发明专利

❶ 《专利法》第 4 条,《专利法实施细则》第 8 条、第 9 条。

❷ 《专利法》第 34 条。

申请人未提出实质审查请求的，其申请被驳回。❶ 经实质审查没有发现驳回理由的，即发给专利证书。

具体到发明专利的先用权人如何主动请求国家知识产权局专利局颁发先用权证呢？需要特别注意几个问题：

第一，在专利授权前申请取得。由于发明专利申请有3年的公开和实质审查期限，若发明专利先用权人得知有人就该技术提出了专利申请，并且在发明专利申请人未提出实质审查的3年期间主动提出先用权证申请。在此情形下，先用权证申请、审查并获得先用权证，虽然对专利权人的权利有所限制，但是，有利的一面是先用权人的准备、实施和市场销售，使专利权人的专利得到了市场检验，标志着专利具有一定的经济价值。如果先用权证颁发后，申请专利的实质审查被国家知识产权局专利局以不符合三性条件驳回，如果专利申请人的申请日不予保留，先用权人继而可以申请专利并取得专利权。值得一提的是，先用权与专利权客体的一致性，对于在先使用人主动申请，便于国家知识产权局专利局合并审查，增加了先用权主动申请取得的可操作性。

第二，在专利授权后申请取得。发明专利先用权人若是在专利权人被授予专利后，再向国家知识产权局专利局申请专利先用权证书。此时，国家知识产权局专利局已经对专利技术进行过实质审查，再对相应的在先使用的专利技术进行审查，其工作量必然小得多，也是可行的。目前，国外最早采纳早期公布、请求审查制的荷兰在《荷兰专利法》中规定了主动申请先用权证的内容。关于被动申请取得方式，主要是指在先使用人被专利权人侵权控告，先用人援引先用权进行抗辩，如果满足先用权成立条件，

❶ 《专利法》第35条。

获得法院支持，也就被动取得了先用权。经法院判决后，在先使用人可以向国家知识产权局专利局申请先用权证书，申请时需要提供法院判决书。此被动取得方式依然是由国家知识产权局专利局颁发先用权证书。

对于申请实用新型和外观设计专利先用权证的取得方式，同样需要借鉴我国《专利法》对此两类专利的申请和审查方式。我国对实用新型和外观设计仅实行形式审查。对于申请文件齐全、申请手续合格的两类专利申请进行初步审查，只要不是明显不具备可专利性要求，即授予专利证书。[1]由于未对两类专利进行必要技术特征的实质性审查，因而若对应的先用权人提出先用权证申请，将会徒增国家知识产权局专利局的工作负担，因此本书建议对于实用新型和外观设计专利的先用权只规定被动取得方式，即当先用权人被专利权人侵权指控，援引先用权抗辩成立，先用权人可以依据法院判决作证据向国家知识产权局专利局申请先用权证书。

如上文所述，目前《荷兰专利法》是要求先用权人主动申请颁发先用权证书，而日本相关法律则是通过先用权确认诉讼形式赋予先用权人普遍实施先用权，但并未颁发先用权证书。那么，在我国通过诉讼方式被动获得先用权是否没有向国家知识产权局专利局申请颁发专利先用权证书的必要了呢？笔者认为先用权证书首先是对先用权人继续实施先用技术的一种认可，其次通过在证书中对先用权权利内容的明确记载，也是对先用权继续实施的一种限制。因而通过诉讼等被动方式获得了先用权，仍有申请先用权证书的必要。同时我们还可以考虑，当专利权人就侵权为由对通过买卖方式从先用权人处获得先用产品（即此时的专利产品）的第三人提起侵权诉讼时，法院可以依据先用权人提供的先用权证书以及根据权利穷竭理论直接驳回专利权人的侵权请求，避免不必要的纠纷。

---

[1] 《专利法》第40条。

（2）专利先用权的认定主体。

三类专利先用权证书的取得方式各不相同，究竟由哪个机关来受理、审查、制发专利先用权证就显得至关重要。以上主要是针对专利证的颁发机关国家知识产权局专利局来讨论，下面将区分主动申请、被动申请的不同情形，来详细论述先用权认定主体。

关于确认先用权的行政主体：当出现专利侵权纠纷时，如果专利权人请求国家知识产权局专利局出面协调，侵权人以先用权抗辩时，国家知识产权局专利局有权对提出抗辩的先用权进行认定。因此，国家知识产权局专利局应该作为确认先用权的行政主体。

关于确认先用权的司法主体：当出现专利侵权案件时，如果专利权人起诉侵权人，而侵权人以先用权抗辩时，法院有权对提出抗辩的先用权进行认定。因此，有管辖权的法院应该作为确认先用权的司法主体。

关于授理主动申请发明专利先用权证书的行政主体：当在先使用人通过专利公告等形式得知有人就该发明创造申请并获得了专利，其可提供在先实施专利技术的先用权成立证据，向专利行政主管部门提出先用权申请。

关于先用权证颁发人：建议采取分散认定、统一颁证的原则。认定先用权的有行政主体和司法主体，由国家知识产权局专利局统一颁发先用权证书。先用权证与专利权证由同一归口颁发，有利于提高国家专利行政主管部门行政协调的效率。

（3）专利先用权申请文件。

同申请专利一样，在先使用人申请先用权也需要向国家知识产权局专利局提交相关文件。借鉴专利申请文件，发明专利的先用权人申请先用权证提交的文件主要包括：第一，先用权请求书。作为表明请求授予发明专利先用权愿望的文件，应包括发明专利先用产品或技术的名称、先用权人姓名、地址以及其他事项。由于先用技术都是与相关专利相对应的，因此还要准确记录该发明专利的相关内容。第二，说明书。应当对发明专利先用技术作出清楚、完整的说明，以能够让所属领域的技术人员实现为准。第三，说明书摘要。这是对发明专利先用技术内容的概述，此文件是方便查阅的文献。第四，权利内容书。该内容应该以说明书为依据，清楚、简要地记录要求保护的先用权的权利内容。特别是对于先用产品的必要技术特征多余专利的必要技术特征的，权利内容书中务必详细记录。第五，提供在先实施或完成必要准备的证据材料。对比专利权证的申请，这是申请先用权证书必须提供，并且非常重要的证明材料。因为先用权是一种实施权，不同于专利权，先用权只有已经在先实施或完成必要准备才具备成立的可能。发明专利先用权通过诉讼形式被动赋予时，其证书的获得仍需要向国家知识产权局专利局提交如上文件。第六，属于法院进行权利认定的，还需要提供法院在审理该案件时的相关材料。因为法院审理时已经对被控侵权技术与专利技术进行了比对，作出了结论，所以，法院判决书可以作为国家知识产权局专利局颁发先用权证的直接依据。

实用新型和外观设计专利的先用权人需要提交的申请文件主要是法院判决书。除此之外的文件，申请实用新型先用权证与申请发明专利先用权证提交的文件基本相同，即请求书、说明书、说明书摘要、权利内容书、在先使用的证据材料。而外观设计先用权证申请除了需要提交请求书、说明书、先用证据材料外，还需要提供该设计的图片或照片。

6.5.3 专利先用权证的内容

本书认为有关先用权证书的颁发及其证书内容，形式上可参照专利强制许可使用证书的管理形式，向已经认定的先用权人颁发“先用权证书”。既是对先用权的确认，又是对先用权的限制，因为证书上明确载明“使用的专利、使用时间、使用范围”等限制内容，先用权证书上的具体内容包括：

首先，明确颁发人。对于符合授予先用权条件的请求，由国家知识产权局专利局颁发先用权证书。

其次，详细记录先用权所针对的专利权，包括：专利证书编号、专利权人、专利说明书、权利要求书、专利有效期等全部内容。

再次，明确记录先用权主体，包括先用权主体名称、住所等。

最后，先用权的内容。详细记载先用权人所享有的各项具体权利，换言之，也就是先用权人继续实施先用技术的行为类型和行为范围。

综上所述，可以看出，通过先用权人主动申请，或是通过诉讼被动确认而被授予先用权，颁发的先用权证书中详细、清楚地记录了先用权的全部内容。先用权证书的颁发，不但是对先用权独立性质的认可，同时是将先用权相关规定中争议问题得以解决、专利权和先用权冲突得以避免的有效手段。通过先用权证的详细记录，使得先用人明确其采用先用权作为保护自己技术的手段，变相地放弃了在侵权诉讼案件中以公知技术进行抗辩的可能。正如上文所述，若先用权人有证据证明专利技术已经通过他的在先使用被公开了，那么专利权也将不复存在。可见，先用权证的存在平衡了专利权人和先用权人的利益，规避了二者可能发生的冲突。总之，专利先用权证书是专利先用权最终的归宿，如果先用权证书的颁发得到很好的运用，相信对于先用权人和专利权人将会是一个双赢的结果。

表 6-1　六国各具特色的先用权内容

国家	技术来源	原有范围	行为类型	是否可转让
中国	合法取得，未规定可否来源于专利权人	“原有范围”标准不明确	制造相同产品、使用相同方法	连同企业一并转让继承
日本	不可来源于专利权人	事业目的范围，否定量化标准	普遍实施权，可以销售	随企业转让，同时准许将权利暂时让渡给第三人
法国	可来源于专利权人	不受量化标准限制	可以销售	只能转让给与此权利有关的企业
德国	可来源于专利权人	不受量化标准限制	准许销售	通过继承转让或随其事业整体而转让
美国	不可来源于专利权人	不受量化标准限制	准许销售	移转与专利权人或随企业整体转让继承
英国	可来源于专利权人	规定宽泛，不受量化标准限制	规定宽泛，准许销售	在个人亡故时或法人解散时转授给他

说明：表 6-1 由笔者依据资料整理。

6.6　小　结

本章通过借鉴国外其他国家关于先用权的相关规定，就我国在专利先用权构成条件、实施限制及法律适用中存在的争议问题，提出了立法建议和完善意见，并就建议进行了依据、数模和实证方面的分析。

第一，关于先用权内容中的技术来源问题，笔者建议增加：“他人在申请日前自行研制开发或者以合法手段从他人处（包括在后专利申请人）取得的技术”。

第二，对于先用权人的实施行为，我国《专利法》将其限定为“制造相同产品、使用相同方法或者已经作好制造、使用的必要准备，并在原有范围内继续制造、使用”的情形，即将实施行为仅界定为“制造”“使用”。这相对于《专利法》第 11 条所规定的专利技术实施方式要少得多。专利权包括了制造、使用、销售、许诺销售、进口专利产品或者使用专利方法以及使用、销售、许诺销售、进口依照该专利方法直接获得的产品等方式。如果不对先用权实施行为进行扩大，将是“允许走、没有路”的法律规定，这无疑十分荒唐。笔者建议增加“在先使用行为包括制造、许诺销售、销售与发明创造专利相同的产品、使用与发明创造方法专利相同的方法以及制造、许诺销售、销售依该方法直接获得的产品”。

第三，对于“必要准备”的规定，一是，《最高人民法院关于审理侵犯专利权纠纷案件中应用法律若干问题的解释》第 15 条第 2 款第（2）项关于“生产准备”的规定是“必须完成准备”，鉴于专利技术的“生产准备”可能需要时间较长，要求在申请日前必须完成生产准备有失公允，建议修改为“正在进行实质性准备”。二是，《最高人民法院关于审理侵犯专利权纠纷案件中应用法律若干问题的解释》第 15 条第 2 款规定，“技术准备”或“生产准备”做好任意一项就视为“必要准备”成立，建议修改为改为完成“技术准备”和完成或正在进行实质性“生产准备”。

第四，关于“原有范围”的规定，建议根据先用技术来源的不同情况，来区别界定“原有范围”的标准：①若先用技术是先用权人独立发明的，那么相比专利权人的使用、许可、转让这三种权利，先用权人只享有使用权，因而在此情况下，其实施范围不局限于申请日前原有的生产规模。②若是通过委托开发合同，先用权人作为委托方获得先用技术。

一般在此情况下，该开发技术的动议是先用权人（即委托方）提出的，被委托方只是进行了技术难关的攻克，而且，先用权人（即委托方）支付了研发费用，承担了研发风险。因此，在此情况下，若被委托方后来成了专利权人，那么先用权人既可以不受“原有范围”“原有规模”“原有产量”的限制，在事业目的范围内扩大生产，也可以通过合营方式，寻求其他企业共同实施该技术。③若是善意从其他发明人处获得，先用技术的继续实施将不受到“原有范围”的限制。④若是善意从专利权人处获得，比如通过新颖性宽限期、通过给予专利权人借贷资金等方式而得知该技术等，则先用权人的实施应保持在原有范围内进行。

第五，提出构建专利先用证制度，并论证了实施的意义、依据、权利确认和颁证主体等审批程序以及先用证书上的内容。

7

研究结论与展望

对专利先用权的法律规定，不仅实现了对我国专利先申请制存在缺陷的有效补救，而且有利于调节专利权人、先用权人、社会公众之间的利益关系。同时，在现实生活中，先用权与专利权也不是完全对立的。获得专利权的专利仅是一个可以实施的技术方案，法律并没有要求专利可以马上实施，因此，作为专利技术到转化为生产力，还有相当长的距离。

还必须明确，我国仅有不足 20% 的专利投入了应用，绝大多数专利是“沉睡”的专利，或不具有应用条件，或者是难以应用，在此情形下，专利技术被在先实施于国于民都不是一件坏事。与其“沉睡”还不如提前被应用，与其不具备实施条件，又为何不让已经掌握专利技术的人继续实施呢？

况且，专利技术在先实施，既是对专利技术的检验，又促进了专利技术的应用。虽然如此，但专利权毕竟是一种法定的专有权，为了维护专利权人的利益，法律又必须对先用权作出必要的限制。

问题在于如何规定先用权的限制，现有法律规定过于原则，司法实践中又偏重于专利权，仅将先用权视为一种抗辩权，使先用权人的利益得不到合理的保护，为此，在先用权人被控告侵权时，符合专利技术被公开条件的先用权人，直接选择公知技术抗辩或请求宣布专利无效，导致专利权灭失。本书正是为了解决这一系列的问题进行研究，并得出如下结论。

7.1 研究结论

（1）肯定专利先用权的独立权利性质。通过对先用权的前身技术秘密权是一项独立权利；批判部分学者仅以先用权不可许可及限制转让就否定其独立性质的言论；对部分学者过于偏向从实证的角度来分析先用权的性质给予否定论述；否定先用权是一种抗辩权的观点，认为先用权是一种仅供先用权人“专用”使用的独立权利。在对权利性质有了准确的认定后，完善先用权相关规定的争议问题就可以不再故步自封，而是根据事物发展规律给予先用权准确规定。

（2）明确先用技术可以来源于专利权人处。只要是通过合法途径获得的，就不应该限制先用技术的具体来源。不论是通过新颖性宽限期、委托开发合同，还是资金借贷等方式，都是先用权人手段合法获得的先用技术，并在专利权人申请专利之前就予以实施或起码是作好了实施的“必要准备”，即使来源于专利申请人，也不能否定先用权技术来源的合法性。

（3）完善“必要准备”成立标准的二要件。首先建议将《最高人民法院关于审理侵犯专利权纠纷案件应用法律若干问题的解释》第 15 条第 2 款第（2）项的“生产准备”由原来的“必须完成准备”改为“正在进行实质性准备”。实施新技术的“生产准备”一般周期较长，在此期间专利申请人提出专利申请，如果拘定“必须完成生产准备”原则，会使得先期进行了实质性投资的先用权人的权益得不到保障，也就有损公平。其次建议将《最高人民法院关于审理侵犯专利权纠纷案件中应用法律若干问题的解释》第 15 条第 2 款规定的完成“技术准备”或“生产准备”之一作为“必要准备”成立的条件，改为完成“技术准备”和“完成或正在进行实质性生产准备”，作为“必要准备”成立的条件。这样，既满足了先用权判定逻辑上的独立性要求，也避免了仅具备生产条件的先用人可随时主张先用权，造成先用权滥用的情形。

（4）提出了专利权穷竭理论同样适用于先用权。既然先用权是法律认可的，那么先用产品就和专利产品一样都是合法产品，这种合法产品无论如何流通，都不应该改变其合法的性质。另外，先用权的内容既包括制造权，也包括许诺销售权和销售权，这是法律赋予先用权人的权利。既然先用权人对自己的产品享有销售权，那么第三人销售只是先用权人销售的延续，不应该受到专利权人的限制，即先用权人和专利权人对完成专利产品首次销售后的销售行为不存在制约权利，第三人的销售行为不应受到专利权节制。

（5）对先用权继续实施的“原有范围”采用不同的标准。建议根据先用技术来源的不同情况，来区别界定“原有范围”的标准：对独立完成先用技术的先用权人而言，其实施范围应该不局限于申请日前原有的生产规模；对通过委托开发合同，委托方获得先用技术成了先用权人，在先用技术的实施中，不仅不应该受“原有范围”“原有规模”“原有产量”的限制，在事业目的范围内可以任意扩大生产规模，而且还可以通过合营方式，寻求其他企业共同实施该技术；如果先用权人是善意从其他发明人处获得，先用技术的继续实施也不应该受到“原有范围”的限制；如果先用权人是善意从专利权人处获得，比如通过新颖性宽限期、通过给予专利权人借贷资金等方式而得知该技术等，那么，先用权人的实施应保持在原有规模范围内进行。

（6）提出构建专利先用证制度的建议。专利先用权证是先用权最终的归宿。由国家知识产权局专利局依法定程序登记并授予的先用权证是对先用权的公示。在证书中详细记载先用权各项内容，使先用权的继续实施应用有了根据，不但是对先用权提供保护，也是对先用权的一种限制。根据技术来源的不同，先用权继续实施范围也有不同的量化、质化标准；发明专利先用权人一旦申请并被授予先用权证，其实也就是放弃了以公知技术进行的可能。从这些方面来说不但限制了先用权人，同时也保护了专利权人。

7.2　研究展望

本书在笔者博士论文基础上修订而成。在书稿的写作及整理期间，笔者查阅了国内外大量硕博士学位论文和期刊文献，发现迄今尚没有博士论文对此问题做研究，期刊文章和硕士论文研究较多。已经进行的研究，对本书写作帮助较大。在总结研究成果中，感到本书的研究虽然具有一定的针对性、理论性和实用性，对专利先用权的理论、应用、限制及其与相关权利的关系都进行了比较系统的论证，但是，从联系的、整体的、具体的、深化的思路分析，仍然具有深入研究的必要，依然具有继续研究的空间。

（1）用联系的思路去研究。关于专利先用权考虑是否可以换一种路径进行研究，如在确认先用权合法存在的基础上，如何从时间上、地域上、权能上提出对先用权限制的理论，可以取得不同的研究效果。如依据专利申请中的异议制度，对侵犯技术秘密而申请专利的，技术秘密所有人可以提出异议，制止申请人申请专利，由此可见，在先使用人拥有有条件的禁止权，进一步证实了先用权的独立权利性质。

（2）用整体的思路去研究。专利先用权是专利权侵权的例外，也是对专利权权能的限制。先用权是专利权限制理论的主要组成部分，但对专利权的限制绝不是孤立的理论，是知识产权限制理论的重要分支。研究专利先用权应该以知识产权限制理论为指导，在先用权规定的总体原则下进行，如与在先权利、商标先用权等结合起来进行研究。这样，更有利于丰富和规范知识产权限制理论，使专利先用权研究置于知识产权限制的整体之中。

（3）用具体的思路去研究。在本书第六部分的建议环境曾提出，不同技术来源，先用权权能不同；不同专利权客体的先用权限制不同；在先使用的不同准备程度，其先用权权能也不相同。进一步研究，不同产业、不同产品大类、方法专利等的先用权也不相同，如何进行更为合理的规定，都是进一步研究的新的空间。

（4）用深化的思路去研究。尽管法律认可先用权作为专利权的侵权例外存在，赋予先用权人在专利申请日后的继续实施权，但扩大生产规模势必损害专利权人的利益，然而不依照市场需求扩大生产又有违市场经济法则，因而关于先用权的继续实施范围，考虑未来是否能运用经济学的分析方法来给予相应界定，使专利权人和先用权人二者的利益尽量达到平衡。

参考文献

一、图书

[1] 杨巧. 知识产权法［M］. 北京：法律出版社，2007：187.

[2] 吴汉东. 知识产权基本问题研究［M］. 北京：中国人民大学出版社，2005：423.

[3] 郭禾. 知识产权法教学参考书［M］. 北京：中国人民大学出版社，2003：196.

[4] 文希凯. 专利法教程［M］. 3版. 北京：知识产权出版社，2013：53-54.

[5]［日］纹谷畅男. 专利法50讲［M］. 魏启学，译. 北京：法律出版社，1984：257-258.

[6] 尹新天. 专利权的保护［M］. 2版. 北京：知识产权出版社，2005：44.

[7] 程永顺，罗李华. 专利侵权判定［M］. 北京：知识产权出版社，2002：288-289.

[8] 刘剑文. 张里安：现代中国知识产权法［M］. 北京：知识产权出版社，2003：402.

[9] 程永顺. 中国专利法诉讼［M］. 北京：知识产权出版社，2005：258.

[10] 郑成思. 知识产权论［M］. 3版. 北京：法律出版社，2003：98.

[11] 程永顺. 专利诉讼［M］. 北京：专利文献出版社，1998：68.

[12] 李国光. 知识产权诉讼［M］. 北京：人民法院出版社，2008：416.

[13] 张玉敏．知识产权法学［M］．北京：中国检察出版社，2002：205.
[14] 中华人民共和国国家知识产权局．专利审查指南［M］．北京：知识产权出版社，2010：281.
[15] 汤宗舜．中华人民共和国专利法释义［M］．北京：法律出版社，1986：189.
[16] 杨金琪．专利、商标、技术合同疑难案例评析［M］．北京：中国物资出版社，1995：65.
[17] 程永顺．工业产权难点和热点研究［M］．北京：人民法院出版社，1997：259.
[18]［日］吉滕幸朔．专利法概论［M］．宋永林，魏启学，译．北京：知识产权出版社，1981：167-170.
[19] 汤宗舜．专利法解说［M］．北京：知识产权出版社，1994：78.
[20] 郑成思．关贸总协定与世界贸易组织中的知识产权协议［M］．北京：学习出版社，1994：28.
[21] 孟庆法，马一高．美国专利及商标保护［M］．北京：专利文献出版社，1992：177-178.
[22]［美］彼得·斯坦，约翰·香德．西方社会的法律价值［M］．王献平，等，译．北京：中国人民公安大学出版社，1990：74.
[23] 张文显．法理学［M］．北京：法律出版社，2004：97.
[24] 曾陈明汝．商标法原理［M］．北京：中国人民大学出版社，2003：156.
[25] 黄晖．商标法［M］．北京：法律出版社，2004：164.
[26] 郑其斌．论商标权的本质［M］．北京：人民法院出版社，2009：125-126.
[27] 程永顺．专利纠纷与处理［M］．北京：知识产权出版社，2011：93.
[28] 故朝阳．知识产权的正当性分析——法理和人权法的视角［M］．北京：人民出版社，2007：137.

[29] 中华人民共和国国家知识产权局. 专利审查指南 [M]. 北京：知识产权出版社，2010：281.

二、期刊

[1] 林秀芹. 中国专利强制许可制度的完善 [J]. 法学研究，2006 (6)：34.
[2] 肖帅. 专利先用权的法律问题探析 [J]. 法制与社会，2011 (1) 下：254-255.
[3] 王凌红. 先用权制度探析 [J]. 电子知识产权，2010 (11)：92-95.
[4] 吴胜华，等. 专利权的限制：先用权问题之再探讨 [J]. 安徽工业大学学报：社会科学版，2010 (3)：23.
[5] 魏征. 先用权与专利权的对峙 [J]. 中国发明与专利，2005 (5)：58-60.
[6] 郑贤君. 宪法学为何需要方法论的自觉？——兼议宪法学方法论是什么 [J]. 浙江学刊，2005 (2)：5-10.
[7] 赵栋. 专利先用权中若干基本法律问题初探 [J]. 科技与法律，2011 (3)：94.
[8] 周园. 专利先用权中若干法律问题的探讨 [J]. 河南司法警官职业学院学报，2003 (3)：114.
[9] 黄相君，关丽宏. 论先使用权的确立条件及其几个适用问题 [J]. 知识产权，1995 (5)：69.
[10] 向凌. 我国专利权限制制度的革新路径 [J]. 知识产权，2013 (2)：83.
[11] 林广海，张学军. 原有范围在先用权抗辩 [J]. 中国专利与发明，2008 (4)：62.
[12] 陈子龙. 关于先用权"原有范围"的再思考 [J]. 法学，1998 (7)：49.
[13] 潘志寿. 关于专利的先用权 [J]. 知识产权，1999 (1)：57.
[14] 冯晓青. 试析先用权及其在专利侵权诉讼中的适用 [J]. 发明与创新，

1997（6）：32-34.
[15] 韦晓云．专利侵权中先用权抗辩问题研究［J］．电子知识产权，2005（2）：53-55.
[16] 张玉勇．从专利权限制角度看利益平衡机制［J］．中国发明与专利，2011（2）：92.
[17] 中岛敏，等．中国《专利法》中的新问题——论制止侵权中的临时禁令制度与先用权的要件制度的设立、法律效力问题［J］．科技与法律，2003（4）：39.
[18] 尹新天．关于先用权的若干问题［J］．中国专利与商标，1994（4）：24.
[19] 刘立春．论先用权中“必要准备”成立的标准［J］．电子知识产权，2012（7）：80.
[20] 沙美，等．试论反不正当竞争法与知识产权法的关系［J］．湖南科技学院学报，2005（2）：17.
[21] 张耕．人才流动中的商业秘密保护研究［J］．河北法学，2003（3）：57-61.
[22] 尹新天．关于新颖性宽限期的问题［J］．知识产权，2002（1）：64.
[23] 徐爱国．重新解释侵权行为法的公平责任原则［J］．政治与法律，2003（6）：34.
[24] 杨春华．诚实信用原则的适用条件［J］．河南政法管理干部学院学报，2006（6）：135.
[25] 亓培冰．信赖保护原则在民法体现中的作用［J］．理论前沿，2005（9）：22.
[26] 伍媛媛．浅析洛克的“财产权”理论［J］．东南大学学报：哲学社会科学版，2008（10）：28.
[27] 冯晓青．利益平衡论：知识产权法的理论基础［J］．知识产权，2003

（6）：17.
［28］王保民，张峣．我国专利先用权制度实施的困境与立法完善［J］．知识产权，2013（8）：59-65.
［29］胡益红，等．权利概念新论——与方孔先生商榷［J］．十堰职业技术学院学报，2009（3）：32-35.
［30］柳经纬，尹腊梅．民法上的抗辩与抗辩权［J］．厦门大学学报：哲学社会科学版，2007（2）：90.
［31］杨立新，刘宗胜．论抗辩与抗辩权［J］．河北法学，2004（10）：6-10.
［32］彭学龙．商标显著性传统理论评析［J］．电子知识产权，2006（2）：69.
［33］杨红军，等．论商标先用权及我国相关制度之完善［J］．特区经济，2006（6）：36.
［34］张峣．商标先用权保护探讨［J］．知识产权，2014（2）：64.
［35］李雨峰，等．寻求公平与秩序：商标法上的共存制度研究［J］．知识产权，2012（6）：48.
［36］韩景峰．商标法中在先权利的法理分析［J］．知识产权，2012（10）：38.
［37］谭筱清．已有公知技术抗辩原则在专利侵权诉讼中的运用［J］．人民司法，2002（8）：52.
［38］李永明．商业秘密及其法律保护［J］．法学研究，1994（3）：126.
［39］刘立春．论先用权中“必要准备”成立的标准［J］．电子知识产权，2012（7）：80.
［40］张高于．一件超出原有范围使用“先用权”的侵权案例［J］．工业产权，1989（2）：49.
［41］邱曼丽，哈斯．专利证书（专利登记簿副本）在专利权属纠纷中证明力的探讨［J］．知识产权，2009（5）：56.
［42］张峣．构建我国专利先用权证制度初探［J］．知识产权，2016（9）：

92-95.
[43] 谢灵芝．论专利在先使用权［D］．长沙：湖南师范大学硕士研究生学位论文，2008：16.
[44] 潘伟生．专利先用权制度研究［D］．厦门：厦门大学硕士研究生学位论文，2009：11.
[45] 代航．专利侵权诉讼中先用权抗辩研究［D］．重庆：西南政法大学硕士研究生学位论文，2009：19.
[46] 欧阳伟连．专利侵权抗辩问题研究［D］．广州：中山大学硕士研究生学位论文，2005：12.
[47] 贺先周．商业秘密法律保护问题研究［D］．郑州：郑州大学硕士学位论文，2004：17.
[48] 郑燕．商标权领域的在先权保护研究［D］．厦门：厦门大学硕士学位论文，2008.
[49] 游云．中药复方专利保护及其侵权分析［D］．北京：中国中医科学院硕士学位论文，2006：6.
[50] 肖飞．专利制度中的先用权研究——“定时器”外观设计专利侵权纠纷案［D］．重庆：西南政法大学硕士学位论文，2008：13.

三、网络文献

[1] 110 判例案件网．硕普公司与金盛公司侵犯实用新型专利权纠纷案［EB/OL］．［2013-12-18］．http：//www. 110. com/panli/panli_ 69101. html.
[2] 中华人民共和国最高人民法院网．江西银涛公司与陕西汉王公司侵犯专利权纠纷案最高人民法院民事裁定书［EB/OL］．［2014-1-26］．http：//ipr. court. gov. cn/zgrmfy/zlq/201304/t20130410_ 153707. html.
[3] 冯晓青知识产权网．最高人民法院关于印发 2011 年中国法院知识产权司法

保护 10 大案件和 50 件典型案例的通知［EB/OL］.［2013-12-6］. http://www.fengxiaoqingip.com/law/zscqzhxgfxwj/zscqgfxwjzh/20130113/9051.html.

［4］王孝忠．南宁知新滑轴公司与南宁中高糖机设备厂侵犯实用新型专利权纠纷案［EB/OL］.［2014-1-21］. http://www.110.com/panli/panli_ 16603.html.

［5］P Rahmatian. A Strategy for Innovation: Securing Our Economic Growth and Prosperity［EB/OL］.［2013-1-13］. www. whitehouse. gov/innovation/strategy.

四、外文文献

［1］F Black. Study on the Protection of Patent Right［M］. Burlington: Ashgate Publishing Company, 2000: 163.

［2］MJ Adelman, RR Rader, HC Wegner. Cases and Materials on Patent Law［J］. The Journal of West Group, 1998 (9): 1067.

［3］B Sivakumaran. Research on the Intellectual Property Law［M］. Oxford: Oxford University Press, 2001: 509.

［4］J Crawford. The Situations of Bussiness Method Prior User Rights In America: Protect or Restrict?［J］. Journal of the Licensing Executives Society, 1996 (4): 317.

［5］LM Brownlee. Trade Secret Use of Patentable Inventions, Prior User Rights and Patent Law Harmonization: An Analysis and Proposal［J］. Hein On line, 1990 (2): 147.

［6］TA Fairhall and PW Churilla. Prior User of Trade Secrets and the Intersection with Patent Law: The Prior User Rights Stature［J］. The Federal Circuit Bar Journal, 2004 (10): 455.

［7］S Megret. Does Exercise the Patent Right Can Restrict the Others' Reasonable Use Right or Not ?［J］. International Review & Industrial Property and Copyright

Law, 2000 (3): 79.

[8] RL Rohrback. Prior User Rights: Roses or Thorns? [J]. University of Baltimore Intellectual property Law Journal, 1993 (6): 104.

[9] DJ. Deazley, P Geoffrey. The Analysis of the Rationality fo Prior User Right Defense [J]. Industrial Property, 2011 (9): 8-9.

[10] K Harriel. Prior User Rights In A First-To-Invent Patent System: Why Not? [J]. The Journal of Law and Technology, 1996 (11): 54.

[11] R Bennett. The Trade Secret Owner Versus the Patentee of the Same Invention: A Conflict? [J]. BNA'S Patent, Trademark & Copyright Journal, 1975 (46): 183-187.

[12] MP Mckenma. The Normative Foundation of Trademark Law [J]. Journal of TMR, 2007 (97): 1133.

[13] C Ryan. Practicing the Prior Art Is Not a Defense [J]. Connecticut Law Review, 2012 (39): 903-911.

[14] JM Mueller. An Introduction to the Microscopy Patent Application [J]. Journal of Microscopy, 2003 (4): 274.

[15] R Kelsen. Current Technology Does Not Affect the Patent Right [J]. Case West Research Law Review, 2002 (2): 106.

[16] E Harper. Envolved from State Street Bank Trust Co. v. Signature Financial Group Inc [J]. Hofstra Law Review, 2009 (12): 392-401.

[17] DJ Kappos, TS Rea. Report on the Prior User Right Defense [J]. Joural of United States Patent and Trademark Office, 2011 (6): 8-9.

[18] R Hines. Some Areas of Basic Difference Between United States Patent Law and That of the Rest of World-and Why [J]. 28 Idea, 2007 (3): 46-53.

[19] M Miller. Patent Harmonization: Is the U. S. Running Out of Time? [R]. 4

World Intellectual Property Report, 1990: 194.

[20] WT Adam, JD Monteith. The Continuing Saga of Federal Circuit Patent Claim Construction Jurisprudence: Extrinsic Evidence and other Stories [J]. The Federal Circuit Bar Journal, 1998 (6): 1368.

[21] C Shapiro. Patent Reform: Aligning Reward and Contribution [J]. Innovation Policy and the Economy, 2008 (8): 117.

[22] D Chisum, MA Jocobs. Understanding Intellectual Property Law [J]. Matthew Bender Co. Inc, 1992 (3): 2-54.

[23] TR Webb. Fixing the Price Fixing Confusion: A Rule of Reason Approach [J]. The Yale Law Journal, 2001 (92): 706.

[24] To Promote Innovation: The Proper Balance of Competition and Patent Law and Policy [R]. US FTC, 2003: 31.

[25] G Quinn. What Will Prior User Rights Mean for Patent Litigators? [J]. Hein On line, 2006 (7): 201.

[26] S Donald, J Chisum, et al. Principles of Patent Law [M]. New York: Foundation Press, 2001: 1201; L Bently, B Sherman. Intellectual Property Law [M]. Oxford: Oxford University Press, 2001: 509.

[27] WA Goldstein. Patent Priority Right Certificate Is Being Value in Holland Patent Law [J]. Tulane Joural of Technology and Intellectual Property, 2008 (13): 207-214.

[28] K Jorda. On Prior Use Situations Equivalent to That of Japan [R]. P. I. P. A. Seventeenth International Congress, 1986: 19-20.

后　记

2014 年 7 月，我从母校西安交通大学法学院博士研究生毕业，进入郑州航空工业管理学院法学院工作。毕业两年多来，一直忙于教学、科研等新的工作，不敢有所懈怠，因此，博士学位论文的进一步公开出版始终无暇考虑。直到今日，重新打开学位论文，才思虑出版事宜。

此时此刻，想起母校，我心里满是留恋。西安交通大学是一所令人神往的高校。在那里求学三年，并顺利完成了我的博士学业，是我终生的荣誉。有人说学校因有成功的学子而享誉中外，我只能因西安交通大学的中外驰名而深感骄傲，并将在西安交通大学盛誉的激励下奋发图强。完成西安交通大学的博士学业确非易事，如果说读博过程中我因学校的严要求、高标准而深感压力的话，现在却以圆满完成学业而感慨收获的不易。

此情此景，笔者感谢西安交通大学的栽培、法学院的培养和老师们的悉心教诲。首先，衷心感谢我的导师、法学院副院长王保民教授。2011 年，我毅然辞去了北京的工作来西安读博，拜读恩师门下三年，也是我在学术上进步最快的三年。我的每一篇论文，从命题到提纲、再到成稿，都凝结了导师的心血和智慧；我的学位论文，从选题到构思，从提纲到结构，从撰写到修改，也无不体现了导师的学术严谨和真知、卓识。让我仰慕与崇敬的是恩师深厚的学术底蕴、严谨的治学态度和淡定的为人风范。令我难忘的是恩师在我学习条件安排、参与学术交流和论文发表等方面都给予了关心和帮助。其次，衷心感谢在我读博三年期间给予我教诲和帮助的西安交通大学的老师们。我从老师们身上吸取营养、充实自己，让我在知识和能力上有了提升。感谢单文华教授、马治国教授、马民虎教授、胡德胜教授、王江雨教授等众多优秀老师们。老师们辛勤工作、精辟讲授与热情鼓励都是对我真正的帮助，值得我牢记和感激。同时感谢西北政法大学李万强教授、冯卫国教授、陕西师范大学王蓓教授在我博士学位论文写作过程中给予的悉心指导，谢谢他们对我论文所提出的宝贵意见和建议。最后，十分感谢给予我帮助的同学、好友。同一届博士同学马宁、王涛、冷帅、任翔，很高兴我们有缘相聚在西安交通大学，共同度过了三年时光。在与你们的交流中，我总能感觉到学术研究的惊喜和兴趣；和你们的沟通中，我总能感受到每个博士生同学的长处和优点，这都让我倍加珍惜这来之不易的三年读博时间。我的室友，化工学院的博士生李璐、理学院的博士生翟术英，二位就像妹妹一般，在平时的生活中，既给予了我关怀，也带给了我无限的欢乐；在学位论文定稿前，李璐同学帮我辛苦排版、调整格式，翟术英同学对我在论文中做数学分析提出了宝贵的建议，在此一并致谢。还有好朋友万晶晶博士、杨娇师妹、张珍星师妹等，和她们相处，让我收获了快乐和友情。

还要特别感谢我可敬可爱的父亲、母亲。我刚到西安读博时，儿子未满周岁，来时不舍的眼泪，回家看到儿子进步时的喜极而泣，也增添了我对读博过程的难忘。公婆年迈，幸好有我父母挺身而出，提前申请退休，不畏辛苦地帮我照顾儿子，才让我树立起读博的信心和勇气。可喜的是父母身体硬朗，我的宝贝儿子李雨晋帅气健壮。我感谢父母养育了我，又替我照顾了儿子。一定要感谢我的爱人时，让我想起儿子唱的一首歌，“我有一个家，幸福的家，爸爸去挣钱，妈妈管着家……”其实是“爸爸去挣钱，爸爸管着家”。值得一提的是，他是管理学博士毕业，不仅文字功底深厚，还能够站在较高学术高度提出问题，在我博士毕业论文写作中，我俩多少次学术争论，又多少次观点融合，使论文的写作思路更加清晰，使论文的创新点更加突出。另外，本次书稿的出版，他也积极帮我联系出版社，并对书稿的内容予以把关。

在此还要感谢前辈们的研究，你们的研究成果给了我启发，也给我的研究提供了基础性指导，在此对本人写作中参考文献的作者一并致谢。

二〇一六年十一月二十日